湖北经济学院经管系列学术文库

KuaGuo GongSi
ChuiZhi ZhuanYeHua YanJiu

跨国公司垂直专业化研究

◎ 廖 靓 / 著

中国财经出版传媒集团

图书在版编目（CIP）数据

跨国公司垂直专业化研究/廖靓著. —北京：经济科学出版社，2016. 12

ISBN 978 - 7 - 5141 - 7574 - 5

Ⅰ. ①跨…　Ⅱ. ①廖…　Ⅲ. ①跨国公司 - 企业管理 - 研究　Ⅳ. ①F276. 7

中国版本图书馆 CIP 数据核字（2016）第 302488 号

责任编辑：王柳松
责任校对：郑淑艳
版式设计：齐　杰
责任印制：邱　天

跨国公司垂直专业化研究

廖　靓　著

经济科学出版社出版、发行　新华书店经销

社址：北京市海淀区阜成路甲 28 号　邮编：100142

总编部电话：010 - 88191217　发行部电话：010 - 88191522

网址：www. esp. com. cn

电子邮件：esp@ esp. com. cn

天猫网店：经济科学出版社旗舰店

网址：http：//jjkxcbs. tmall. com

北京季蜂印刷有限公司印装

880 × 1230　32 开　6. 625 印张　200000 字

2016 年 12 月第 1 版　2016 年 12 月第 1 次印刷

印数：0001—1200 册

ISBN 978 - 7 - 5141 - 7574 - 5　定价：32. 00 元

（图书出现印装问题，本社负责调换。电话：010 - 88191510）

（版权所有　侵权必究　举报电话：010 - 88191586

电子邮箱：dbts@ esp. com. cn）

前言

人类社会跨入21世纪以来，国际经济合作与贸易已进入全球经济一体化体系之中，而跨国公司在国际经济合作与贸易中扮演着日益主要的角色，起着主导作用。根据UNCTAD的统计，跨国公司中间产品贸易在世界贸易的比重高达35%以上（2001年），2013年已接近50%。全球经济一体化的发展，主要是由跨国公司垂直专业化纵向分离生产方式所推动的，因为纵向分离生产方式使跨国公司中间产品贸易以超常规速度在国际贸易中蓬勃发展。

跨国公司垂直专业化是在垂直一体化（纵向一体化）的基础上发展而来的。在垂直专业化条件下，跨国公司将产品生产过程的不同环节分拆开来，并分散到不同国家和地区的企业进行。而各个国家和地区的企业广泛地参与国际分工体系之中，从而带动区域性经济的发展，实现产业结构的调整与优化。如何参与国际分工，参与哪些国际分工，如何选择国际分工的产品生产，最重要的依据就是跨国公司的企业边界及其纵向分离模式。

中国是发展中国家，积极参与全球经济一体化的国际分工，承接跨国公司产业转移的外包业务，对于提高中国产业技术水平，促进对外贸易转型升级，调整与优化产业结构，促进新兴产业集群的形成，增加劳动就业都具有十分重要的现实意义。

本书基于上述背景和现实意义，重点研究垂直一体化与垂直专业化的演进，深入分析跨国公司垂直专业化条件下企业边界和纵向分离模式之间的内在关系，并运用相关数据进行实证分析，从而提出参与垂直专业化国际分工的对策，为中国企业承接外包业务提供基础依据。

一、本书的理论框架

本书研究共分八章，除绪论外，按研究内容和体系，可分为三部分。第一部分为文献综述；第二部分为本书主题研究，主要研究垂直专业化、企业边界和纵向分离模式，并结合实证模型，通过企业问卷调查分析企业边界变动的影响因素以及对纵向分离模式选择的影响；第三部分为对策与结论，即中国垂直专业化程度的现状、对策及全书的总结。本书三部分的理论框架是：通过第一部分的文献综述，为第二部分主题研究提供理论依据，并通过实证分析对研究的主题进行验证，第三部分是对第二部分研究主题实践运用提出的对策与建议，从而为中国企业参与国际分工和国际经济合作提供参考依据。

第一部分，文献综述（第二章）。主要分析国际分工与专业化理论、跨国公司理论、企业边界理论和纵向分离理论，并对国内外学者关于上述理论研究进行综述，从而为第二部分主题研究提供理论依据。此外，还指出上述研究存在的局限性，从而确定本书创新研究的对象和内容。

第二部分为第三～第六章，是本书研究的主题。第三、第四章研究跨国公司垂直一体化与专业化的演进及其选择决策模型；第五章研究跨国公司企业边界变动及其测量模型与实证；第六章研究跨国公司垂直专业化条件下纵向分离模式与企业边界对纵向分离模式选择的实证研究。本部分研究的思路和逻辑框架是：在国际分工的推动下，全球经济发展呈现出一体化的格局，而这种格局的形成是垂直一体化与垂直专业化演进的结果；演进的结果出自于跨国公司的战略选择，而这种选择也是由企业边界变动决定的；跨国公司生产组织模式（自营还是外包）的选择，最终随着垂直一体化向垂直专业化的发展（纵向一体化向纵向分离）。交易层面、产业层面以及企业层面的各因素引起跨国公司企业边界的变化，从而加速了全球经济一体化的步伐，并为各国企业融入全球价值链与参与国际分工提供了发展机遇。

第三部分为第七～第八章，是本书的对策与结论。第七章研究垂直专业化的对策，先分析了垂直专业化对中国经济发展的影响，进而论述了中国垂直专业化发展面临的问题，最后为中国垂直专业化发展从政府、行业及企业三个层面提出对策措施。第八章为全书的结论，并提出本书研究的不足及今后研究的方向。

二、本书的创新之处

（一）研究对象的创新

本书研究的主题，是基于垂直专业化的跨国公司企业边界与纵向分离模式之间内在关系的研究。在过去的研究文献中，国内外学者对企业边界进行研究，主要从交易成本和生产组织的视角研究企业边界的收缩与扩张。然而，新经济条件下出现的各种新的组织形式是随着企业边界不断演化表现出来的，企业的异质性决定了不同企业边界的选择。因此，本书在前人研究的基础上，明确提出企业边界的表现形式，并对其影响因素进行分析。其中，重点研究企业边界的表现形式、影响企业边界的因素及其实证检验，并明确指出企业边界的变动是国际分工和纵向分离发展的推动力，也是企业承接国际产业转移外包业务的依据之一。

（二）研究内容的创新

本书研究内容的创新，主要涉及四个方面的内容：一是系统分析垂直一体化与垂直专业化的演进过程，揭示了演进过程的动因；二是系统地研究跨国公司企业边界，揭示了企业边界变动的影响因素；三是系统地分析跨国公司纵向分离模式，揭示了企业边界对纵向分离模式选择的影响；四是系统总结了中国企业承接国际产业转移外包业务的影响及存在的问题，提出了对策措施。

（三）研究方法的创新

本书从战略的视角，通过界定跨国公司企业边界的效率边界、权力边界、能力边界和身份边界四个表现形式，用实证的方式来研究四个边界变动的影响因素；使用 AHP - GRAP 模型（灰色多层次综合模型），是将层次分析法和灰色关联分析法相结合建立业务外包定界模型，分析企业相关业务和核心业务联系紧密度、企业与外包服务供应市场匹配度对企业自营或外包生产组织模式选择决策的影响。

三、本书研究的不足之处

本书虽然在研究对象、研究内容和研究方法诸方面有所创新，但由于本人水平有限，以及搜集最新资料数据的困难，因此，还存在许多不足之处，主要表现在两个方面：一是缺少企业级别的贸易和生产数据，实证分析不够；二是影响企业垂直一体化或垂直专业化决策的影响因素分析不够，今后可以通过完善指标体系，进行更广泛的理论和政策分析。

廖　靓

2016. 8

目录

第一章　绪论 ………………………………………………………… 1

第一节　研究背景与研究意义 ……………………………… 1
第二节　理论框架与研究思路 ……………………………… 8
第三节　研究方法与技术路线 ……………………………… 12
第四节　研究创新与研究难点 ……………………………… 16

第二章　文献综述 ………………………………………………… 18

第一节　国际分工与专业化理论 …………………………… 19
第二节　跨国公司理论 ……………………………………… 25
第三节　企业边界理论 ……………………………………… 36
第四节　纵向分离相关理论 ………………………………… 47

第三章　跨国公司垂直一体化与垂直专业化的演进 …… 66

第一节　跨国公司垂直专业化发展现状分析 ……………… 67
第二节　跨国公司垂直一体化的演进 ……………………… 69
第三节　跨国公司垂直专业化的演进 ……………………… 78

第四章　跨国公司垂直一体化与垂直专业化选择模型 …… 86

第一节　跨国公司垂直一体化与垂直专业化的决策流程 …… 87
第二节　跨国公司垂直一体化与垂直专业化的决策模型 …… 97
第三节　跨国公司业务自营与外包决策模型的检验 …… 110
第四节　本章小结 …… 115

第五章　跨国公司企业边界及其测量模型 …… 117

第一节　企业边界及其表现形式 …… 117
第二节　跨国公司企业边界的测量 …… 123
第三节　影响跨国公司企业边界的因素分析 …… 131
第四节　跨国公司企业边界影响因素的实证研究 …… 136

第六章　垂直专业化条件下纵向分离模式 …… 141

第一节　纵向分离的特征及其表现形式 …… 142
第二节　跨国公司纵向分离与全球价值链 …… 145
第三节　跨国公司纵向分离的实现模式 …… 149
第四节　企业边界对纵向分离模式选择的实证研究 …… 153

第七章　中国跨国公司垂直专业化发展的对策 …… 160

第一节　垂直专业化对中国经济发展的影响 …… 161
第二节　垂直专业化发展面临的问题 …… 166
第三节　垂直专业化发展的对策措施 …… 168

第八章　结论 …… 175

第一节　主要结论 …… 175

第二节　研究不足与研究展望 …………………………………… 177

附录　企业边界测量调查问卷 ………………………………… 178

参考文献 …………………………………………………………… 184

第一章

绪　　论

第一节　研究背景与研究意义

一、研究背景

（一）现实背景

20 世纪后期，全球经济发展最显著的特征是国际贸易经历了非常迅猛的发展，在世界 GDP 中，全球贸易进出口总额所占的比例出现了较大程度的提升。例如，1962 年仅占世界 GDP 的 9.12%，而 2013 年已增加到 46.77%。其中，跨国公司贸易增长最快。2008 年，跨国公司数量已从 20 世纪 90 年代初的 3.7 万家增至 8.2 万家。来自发展中国家经济体和转型经济体的跨国公司异军突起，从 20 世纪 90 年代占全球跨国公司总数的 10% 增至 2008 年的 28%。2010 年，跨国公司占据全球 GDP 的 25%、对外直接投资的 70%、贸易额的 2/3、[1] 技术专利的 80%。其中，有 12 家跨国公司年销售额超过了世界半数以上国家的 GDP。[2] 1995 年，全球对外直接投资总量仅为 2020 亿美元，2013 年达到 14600 亿美元。1995 ~ 2007 年，全球对外直接投资总量增长直线上升，2008 年后受金融危机影响出现震荡波动（见图 1－1）。从全球范围内来看，跨国公司领域的内部贸易额（11.4 万亿美元），占世界贸易总额的比重已经达到 33%。与此同时，由跨国公司主导的全球垂直专业化生产和外包发展趋势非常显著，其中，通过外包实现了 60% 以上的业务，还有不少公司将自己的业务都实现了外包。从大量产品的生产过程来看，都是由全球范围内诸多国家（地区）完成的。这就是说，将产品生产的具体过程划分为若干个生产阶段，将相关环节的产品生产部署在比较优势最为突出的国家或地区，这样能够更好地在世界范围内实现资源的优化配置，开展垂直专业化的生产过程。从全球范围内快速发展的外包业务以及垂直专业化生产来看，同一种产品的不同工序被拆解到不同的国家或经济体中完成，这样能够更好地使国际贸易实现从产业间贸易的过程演进到产业内贸易的过程，因此能够更好地提升产品内、公司内的贸易发展。

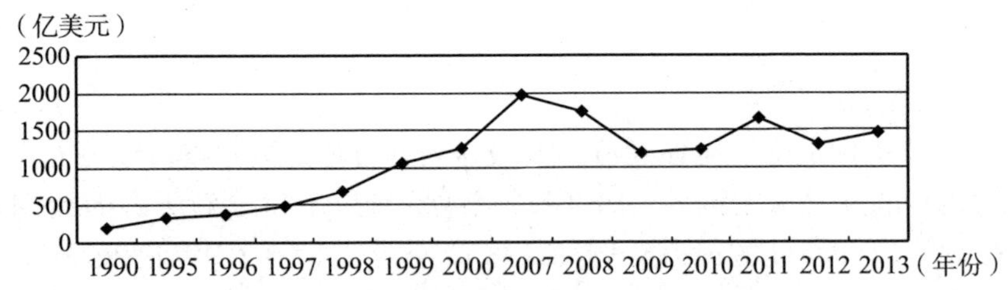

图 1－1　跨国公司全球对外直接投资总量

---

① UNCTAD. World Investment Report 2011: Non－Equity Modes of International Production and Development. New York and Geveva: United Nations. 2011. pp. xii－xiii.

② Joseph S. Nye. Understanding International Conflicts: An Introduction to Theory and History. Beijing. Perking University Press. 2005.

从全球范围内的垂直专业化生产以及外包业务来看，能够更好地使广大发展中国家融合和进入全球经济的大潮中，契机是非常好的。从全球范围内的产业链来看，发展中国家位于承包方的位置。虽然发展中国家不能为发包方提供完整齐备的产品，但是最少能够为它们生产和提供全部生产流程中的一些部件。从东亚很多发展中国家来看，它们很好地掌握了生产全球化的大好时机，借助自身廉价的人力资源优势以及非常充足的资源，在国际外包和垂直专业化生产领域占据了至关重要的地位。从中国经济研究中心课题组相关研究来看，1992～2010 年，国内的垂直专业化程度出现了快速上升的趋势，从 14% 增加到 26.79%，增长幅度已经超过了 50%。

中国是全球范围内最大的发展中国家，从 20 世纪 60 年代以来，通过加工贸易等多种途径，参加国际外包活动以及垂直专业化生产。借助巨大的国内市场、丰富的劳动力资源以及极具竞争力的低廉工资等诸多优点，承担和接受了日益增多的加工装配业务以及外包业务，迅猛地进入全球性质的垂直专业化分工体系。从 20 世纪 90 年代开始，国内不少企业或公司以独立个体的形式被纳入全球范围内的垂直专业化分工体系中，进一步提升了承接外包活动的水平，还具备了购买原材料的权利，能够承接生产国外的整个品牌产品。从生产其他国家的品牌产品来看，初级形式涵盖了委托加工（也就是代工生产），包括原始设计制造（ODM）以及原始设备制造（OEM）等方法完成的生产活动。通过比较可以看出，代工生产能够很好地和某个国家的经济发展发生非常密切的联系，很好地将本国的出口产品、引进新产品技术以及进入新产业等紧密地结合。但是，无论是非常简单的加工行业，还是生产线的所有代工，中国企业仅仅能够得到在生产领域的加工成本，和发包方所得到的全部利益比较，国内企业只能得到极低的利润。

随着全球市场一体化的发展，中国企业越来越多地采用部分外购、外包以及战略联盟的方式来建立企业间的关系，形成一个全球型的生产网络。对这个功能型的网链结构进行调整并进一步优化，可以提升跨国公司的竞争优势，实现客户服务的最优化。

（二）理论背景

从传统经济学来看，李嘉图提出了著名的比较优势理论，赫克歇尔·俄林提出了（H－O）禀赋理论，对最终产品间所进行的国际贸易作了解释。因为不同国家间在生产率方面存在一定的差异，或者是有差异的生产要素禀赋，就会造成不同国家在最终产品的生产成本方面也存在着一定的差异。假如两国间进行相应的国际贸易，各个国家能够生产自己有比较优势的最终产品，还可以借助不同产业之间的贸易，在一定程度上就会增加彼此的利益。克鲁格曼解释之所以会形成或产生产业内贸易，原因在于“规模经济”。规模经济得到了较快的发展，某个国家通常都会集中生产数量较大的产品，进而在较大程度上减少生产单位产品所需要的成本，所以两国之间的相互贸易可能使得同一产业内增加生产不同产品的数量，这样就能够很好地产生规模经济效应，确保这些国家都能从中获得利润。然而，最近若干年来，消费者追求产品的差异性，导致不少企业不能像过去那样生产相当数量的同质化产品。所以，不应该继续存在规模经济效应。随着世界经济一体化的加快发展和进步，逐步出现和完善了全球垂直分工体系，很多国家的不同企业在集体地完成处在同一产品的若干生产环节的产品生产活动，从而带来了日益增长的产品内贸易以及中间产品贸易，标准的经济学理论在解释这种现象时也显得无能为力。

从原先适用的贸易理论来看，不能很好地解释新的经济现象，这也鼓舞着不少专家和学者继续研究国际分工理论以及新贸易理论。不少学者借助不完全契约理论以及产业组织理论对产品内贸易、中间产品贸易以及企业如何选择组织模式进行阐释。企业组织模式以及贸易投资的密切结合，标志着垂直专业化理论发展到全新的阶段和领域。

科斯（Coase，1937），分析了影响企业在选择“自己生产”和“购买”中间零部件的不同要素。在他看来，所存在的贸易成本变成了影响企业决策过程中至关重要的因素之一。此外，他还分析了外包策略会对公司的边界产生哪些影响，也就是在公司内部、外部分别进行哪些生产环节，以及企业在选择“外部购买”或“自己生产”等问题。假如是自己进行生产，从实际上来讲，就是在拓展公司的业务范围；假如是倾向于外部购买，就会压缩公司的生产范围。从前者来看，公司能够加深自己的一体化进程，但是，从后者的情况来看，却选择了非一体化的组织模式。威廉姆森（Wiiliamson，1975）在科斯分析的基础上，拓展了他的研究，并给外包下了准确的定义。此外，他还深入分析了对企业如何选择“内部一体化”或“外包”决策过程中产生影响的诸多因素。

格罗斯曼（Grossman）认为，“假如某个企业在投资决策时对其他企业的决策产生了严重依赖，那么该企业的最好抉择就是一体化组织模式；反过来，假如两家企业只是在一定程度上影响对方的投资决策，那么对它们来讲，更加适合于选择非一体化的组织模式。”[①] 所以，在将不完全契约理论引入后，一些经济学家认为对不同的企业之间，在长期合作的过程中，所运用的规制结构或组织形式应该是行之有效的，要紧紧地依靠企业之间的彼此联系。从此处来看，企业间进行合作，能够得到纵向一体化的良好效益，还能够避免纵向一体化所带来的缺陷。

二、研究意义

一般情况下，人们进行复杂而艰辛的科学研究，目的是获得事物的唯知性价值和实用性价值。因此，一般经济学科的研究价值也

---

① 吴国新，高长春．服务外包理论演进研究综述．国际商务研究，2008（2）：31－37.

往往从理论意义和实践意义两个方面得到体现。对本书研究来说，研究的理论意义与实践意义如下：

（一）理论意义

从原先的国际贸易理论来看，重点研究了贸易条件、模式、利益以及政策等领域，还借助相对价格差异以及要素禀赋研究解释贸易以及国际分工的新古典贸易理论（H－O 模型），对产业间贸易进行研究；新贸易理论模型以改变基本模型中的相关假设条件，如规模经济、市场结构、需求属性以及技术进步等领域为基础，讨论了行业内所发生的贸易现象。然而，从这种类型的经典贸易理论分析来看，绝大部分都是研究最终产品（Amdt，1997），没有很好地分析以及研究生产工序中的国际分工现象。但是，从垂直专业化分工体系以及国际分工产生的贸易来看，产品内贸易以及中间产品贸易等贸易类型都属于终端产品以及生产要素间所进行的产品贸易。而且，都是在特定的国家或地区生产每一种中间产品（卢峰，2004）。所以，借助传统国际贸易与经济合作理论来论证当代国际经济一体化条件下纵向分离生产模式形成的原因，其解释力是远远不够的，也是不科学的。从 20 世纪 80 年代以来，不少发达的西方国家放松了在公用事业以及行业领域的制约和限制，从分配以及生产的纵向一体化来看，这种现象并不像教材上所论述的是“平淡无奇的”，它涵盖了一个更为广泛的结构化交易关系。从此种背景来看，经济学界逐步深入了在契约理论方面的讨论。不少学者在经典贸易理论中运用了制度经济学的相关内容，系统地研究了垂直专业化生产能够实现的组织模式，如外包、FDI 以及垂直专业化生产。埃尔赫南·赫尔普曼在《贸易、FDI 和企业的组织形式》中提出，国际贸易得到了持续增长，垂直专业化的程度在逐步加深，不仅可以运用经典的贸易理论进行研究，而且可以运用契约制度中有差异的特性以及行业内部的异质性水平带来的比较优势，对如何选择组织模式以及贸易进行研究。从这些研究来看，契约制度问题会使得企业选择不同的组织模式，FDI 以及外包属于不一样的生产组织模式。然而，从转型经济国家以及发展中国家在这方面的研究来看，理论不够成熟。国内在研究垂直专业化方面绝大多数都是以传统国际贸易理论为基础，重点研究其中的比较优势理论以及要素禀赋理论。所以，借助异质性企业角度研究和分析一体化、外包和垂直专业化分工的必要性，理论价值是十分重大的。在此过程中，可以看到他们的研究结果能够很好地解释当前包括外包和垂直专业化等经济现象。

（二）实践意义

从经济全球化的发展现状来看，可以从宏观方面和微观方面探讨垂直专业化所体现的现实意义。快速而深入的经济全球化和国际分工的发展，出现了产品内分工这种新方式，中国有必要参加这种新颖的分工方式。中国是全球最大的发展中国家，在 30 多年的改革开放历程中，尤其是在加入世界贸易组织后，中国很好地进入了全球经济的巨大循环中。以孙景蔚和张小蒂（2006）所计算的投入产出表数据为基础，研究了中国在 1995 年、1997 年以及 2000 年 17 个部门所体现出来的垂直专业化指数，很好地说明了国内正在逐步加深垂直专业化分工的发展趋势。从中国所参加的国际外包以及垂直专业化生产活动来看，最为重要的形式就是加工贸易。中国在加工贸易领域的出口额，从 1985 年的 33 亿美元飙升到 2013 年的 8608 亿美元，从占中国出口总额不到 15% 迅猛地提升到超过了 40% 。中国越来越深入地参加垂直专业化，中国企业主要是承接国际外包业务，也是中国参加垂直专业化分工的重要方式。从国内企业来看，频频参加国际外包活动，垂直专业化程度也在不断提高，在运用国际垂直专业化生产领域可以很好地破解目前发展经济过程中的不少问题。它可以提高中国的劳动力就业率、企业的劳动生产率以及技术水平，能够在一定程度上促进产业升级和出口增长，增强中国企业在世界市场的生存能力和竞争力，反过来能够很好地促进经济的高速、可持续增长和发展。

外包业务和垂直专业化生产业务的快速发展，能够在一定程度上促进某个国家或地区的产业结构调整，提升经济发展水平，强化企业的核心竞争力，对资源进行优化配置、提升企业抗击风险的意识和能力、较大限度地减少交易成本和提升市场反应速度等方面，都有极其重要的作用。

第二节　理论框架与研究思路

一、理论框架及主要内容

本书共分八章，其理论框架和主要内容如下：

第一章，绪论。本章对实践和理论背景进行了充分的论述，就此引出本书研究拟解决的关键问题，然后对本书研究的理论意义、实践意义、研究内容与框架、研究方法与技术路线、创新点和主要概念进行了阐述。

第二章，文献综述。由于本书重点研究的是在经济全球化进程中对跨国公司垂直专业化条件下企业边界、纵向分离模式等方面的决策选择，因此，企业垂直专业化理论是本书研究的逻辑起点，国际贸易中的企业生产组织理论是本书研究的基石，企业异质性理论、新贸易理论与新经济地理学理论是本书研究的主要视角。本章将以国际分工与垂直专业化理论、跨国公司理论、企业边界理论和纵向分离相关理论为脉络，梳理本书研究的主题，从基本概念、逻辑演变和主要结论等相关领域分析了当前资料和文献，还以许多学者的研究成果为本书的基础，确认了本书的相关创新和理论水平定位。第一节，叙述了较早时期的古典经济学如何看待和分析专业化以及国际分工、新古典经济学对新新贸易理论和企业效益及在企业异质性方面的认识；第二节，分析了跨国公司理论的相关发展；第三节，论述了基于交易成本、不完全契约及产业组织视角下的企业边界相关文献；第四节，阐述了纵向分离影响因素、具体形式及与国际贸易的关系；最后，总结了以上理论在演进过程中的逻辑，罗列了存在的相关问题，对本书的研究进行定位。

第三章，综合叙述了跨国公司垂直一体化与垂直专业化的演进。本章先对经济全球化趋势进行了概述，然后探讨了跨国公司垂直一体化及垂直专业化形成的条件、环境及其发展趋势。在此过程中，还界定了所牵涉的概念及其内涵，阐述了有关范畴，从而为下文开展理论研究奠定了明晰的思路。第一节，系统地分析了跨国公司垂直专业化发展现状，本章认为每个国家都要适应和接受这种发展趋势。第二节、第三节，重点研究了垂直一体化、专业化的演进历程，阐明了跨国公司在垂直专业化方面的发展趋势。

第四章，针对跨国公司垂直一体化、垂直专业化的生产组织模式，从宏观和微观战略分析进行决策，并运用相关业务与核心业务关联度以及跨国公司与外包市场匹配度定量分析，提出了相关模型。

第五章，研究了国际垂直专业化条件下的跨国公司企业边界，并对企业边界变动进行定量模型分析。分析了企业边界的效率边界、权力边界、能力边界和身份边界四个构念，揭示了产业层面、企业层面和交易层面影响企业边界的因素，并通过企业问卷调查收集数据进行因子分析。本章以企业异质性及战略分析为视角，从企业边界的度量出发，通过分析企业边界的影响因素来阐述垂直专业化过程为什么影响企业边界，以及界定企业边界的现实意义。

第六章，研究了垂直专业化条件下的纵向分离模式。通过界定纵向分离的特征及其表现形式，并从全球价值链和企业边界的角度来说明为什么跨国公司选择不同的纵向分离模式？得出的主要结论是：分工和专业化的演进是理解跨国公司不断兴起和壮大的重要线索之一，考虑到专业化企业提升了自己的技术水平和生产效率，在一定程度上降低了单位生产成本，很好地促进了国际生产价值链逐步地朝着更高端的方向发展。从国家层面来看，需要具备比较优势的企业进行挖掘和逐步实现。但是，从企业方面分析，它的比较利益是由企业边界决定的，产业领域的外部经济效应变成了得到动态利益的关键要素，因此，国家以及政府要尽可能早日使得中国从贸易大国转变为贸易强国。

第七章，提出了中国在发展垂直专业化方面的相关对策。本章分析了垂直专业化对中国经济发展的影响，指出了中国在发展垂直专业化过程中存在的问题，并提出对策性建议。

第八章，研究结论与政策性对策。本章主要对上述研究所得到的结论进行总结，得出本书的研究对跨国公司垂直专业化进程有一定的推动作用。同时，指出了本书的局限性，并指明未来有待进一步深入研究的方向。

二、研究思路

根据以上内容，本书的研究思路，如图1－2所示。

本书试图将产业层面、企业层面以及交易层面诸多因素统一起来，在结合新贸易理论、核心能力理论和异质性企业理论分析框架的基础上，探讨在全球化背景下跨国公司在企业边界、垂直专业化下的纵向分离的有关不同行为，在此基础上，把握国内企业与跨国公司在国际生产网络中形成不同产品与地域的相关机制，展示出哪些因素决定了企业边界。重点研究下列问题：

第一，在产品内分工情况下，企业是如何决定其边界的？为什么有些企业选择纵向一体化，而其他企业却选择了纵向分离，将其主要产品实行外包？从另一个角度讲，就是企业决定以及选择自身的企业边界和垂直专业化的方式。具体地，哪些企业在什么情况下，会将生产制造环节转移到发展中国家？

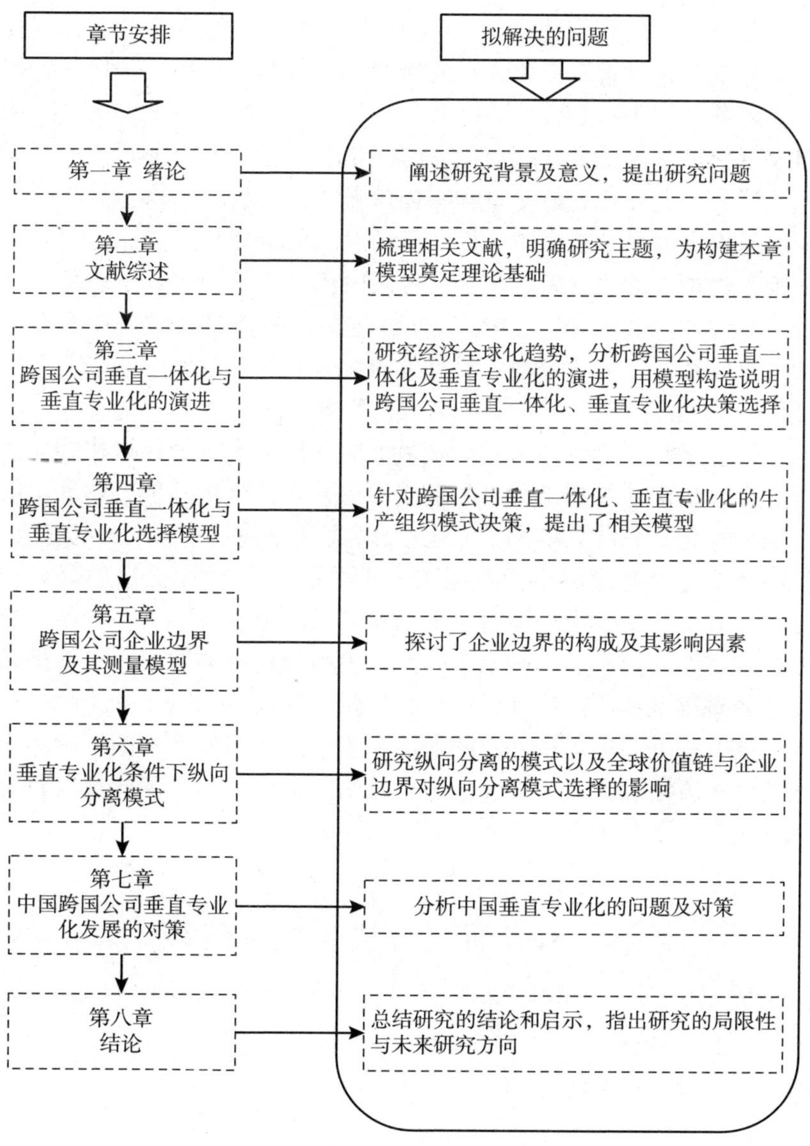
章节安排
拟解决的问题
第一章 绪论
阐述研究背景及意义，提出研究问题
第二章
文献综述
梳理相关文献，明确研究主题，为构建本章模型奠定理论基础
第三章
跨国公司垂直一体化与垂直专业化的演进
研究经济全球化趋势，分析跨国公司垂直一体化及垂直专业化的演进，用模型构造说明跨国公司垂直一体化、垂直专业化决策选择
第四章
跨国公司垂直一体化与垂直专业化选择模型
针对跨国公司垂直一体化、垂直专业化的生产组织模式决策，提出了相关模型
第五章
跨国公司企业边界及其测量模型
探讨了企业边界的构成及其影响因素
第六章
垂直专业化条件下纵向分离模式
研究纵向分离的模式以及全球价值链与企业边界对纵向分离模式选择的影响
第七章
中国跨国公司垂直专业化发展的对策
分析中国垂直专业化的问题及对策
第八章
结论
总结研究的结论和启示，指出研究的局限性与未来研究方向

图 1-2　本书研究思路

第二，在新贸易理论下，跨国公司是如何进行垂直专业化选择的？跨国公司垂直专业化选择的影响因素有哪些？进一步地，为何各个跨国公司采取和其他跨国公司不同的生产组织形式？但是，面对全球化进程的巨大助推作用，跨国企业在生产组织形式方面，是趋于垂直专业化或是趋于垂直一体化呢？

从以上方面分析来看，面对迅猛发展的全球化形势，企业怎么才能使得相关的生产要素在全球范围内流动，从而更好地服务于本企业的生产以及国际贸易等实践和理论发展的需要。这是中国企业融入全球经济一体化过程中要解决的紧迫问题，也是中国企业在实现国际化生产战略决策中务必解决的重要问题。

从本书写作的目的来看，要系统地分析上述问题，搭建好能够充分融合理论前沿的微观国际生产理论方面的分析框架，体现出鲜明的模型化、系统化以及主流化特征，而且能够对企业在开放的市场经济中的企业边界以及和垂直专业化的决策行为提出建议或指导。一方面，探索推进前沿理论创新扩展的可行性；另一方面，要很好地发挥理论模型解释现实的说服力和为建议或方案、对策提供支撑的基础性作用。这种讨论有利于新贸易理论和企业理论的进步与发展，提升中国运用外资的数量和质量，切实转变中国在贸易方面的增长方法和方式、增强中国企业的国际竞争力，因此现实意义和理论意义十分重大。

第三节　研究方法与技术路线

一、研究方法

本书研究的内容，涉及国际贸易学、经济学、管理学和经济地理学等众多领域。为了深入研究本书涉及的主要问题，增加研究的深度与广度，本书运用实证研究和规范研究相结合的方法，并从定性分析与定量分析两个层面探索相关主题。其主要方法如下：

（一）文献研究法

在广泛检索国内外相关文献的基础上，从而发现大多数研究是从影响垂直一体化或垂直专业化的因素角度出发，而没有从跨国公司的企业边界及其纵向分离模式进行研究。与此同时，在为数不多的研究中，又多以企业同质性视角切入，而从企业异质性视角的研究还非常少。由此，本书从企业边界切入，构建了运用企业异质性理论进而影响跨国公司垂直专业化行为的分析框架。通过文献研究，本书试图在已有文献中找到感知维度，为本书构建概念模型打下扎实的分析基础。

（二）历史演化分析法

从本书的第三章来看，借助此方法对跨国公司以及经济全球化的发展进程进行了针对性研究。历史演化分析法能够探究全球经济一体化在不同历史阶段的演化规律和发展趋势，从而表明全球化对生产组织以及企业边界的变动所带来的影响程度和范围，这样才能更好地论述清楚企业的此种变革趋势是由垂直专业化进程不断发展的必然结果。

（三）问卷调查法

问卷调查法，是第四章的主要研究方法。问卷调查分别用于对企业边界构成的确定，影响企业边界因素概念模型的检验。其问卷发放对象，为相关行业的跨国公司。本书的调查问卷和测量量表为根据理论研究得到的概念模型自行设计和开发，因此在用于大规模调查前，应对调查对象进行小规模的访谈和预测试，并且参考专家意见对问卷进行修正，为大规模问卷调查奠定基础。

（四）数理统计分析法

数理统计分析，是在对变量的测量或观测数据收集的基础上利用统计工具来进行决策推断的方法。本书研究中，对企业边界及其影响因素两大模块的变量分别进行测量而获得相应的数据，对数据利用 SPSS 17.0 进行描述性统计分析和探索性因子分析，并对调查量表进行信度检验和效度检验。本书也对企业边界及其影响因素的结构关系进行探索，使用结构方程建模的方法，运用 GRAPH 3.0 对模型中产业结构的集中度、技术创新的模式、需解决问题的性质、企业专业技能、企业的关系网络、资产专用性、交易频率、不确定性（自变量）和效率边界、权力边界、能力边界和身份边界（因变量）之间的关系进行验证。

（五）数学建模

本书使用 AHP - GRAP 模型（灰色多层次综合模型）和模糊理论建立模糊评价模型，分别研究了企业相关业务和核心业务关联度、对外包服务供给市场和企业的匹配性对于企业组织生产模式决策（自营或外包）的影响。

二、技术路线

基于相应的研究问题与研究方法，本书所采用的技术路线，如图 1 - 3 所示。

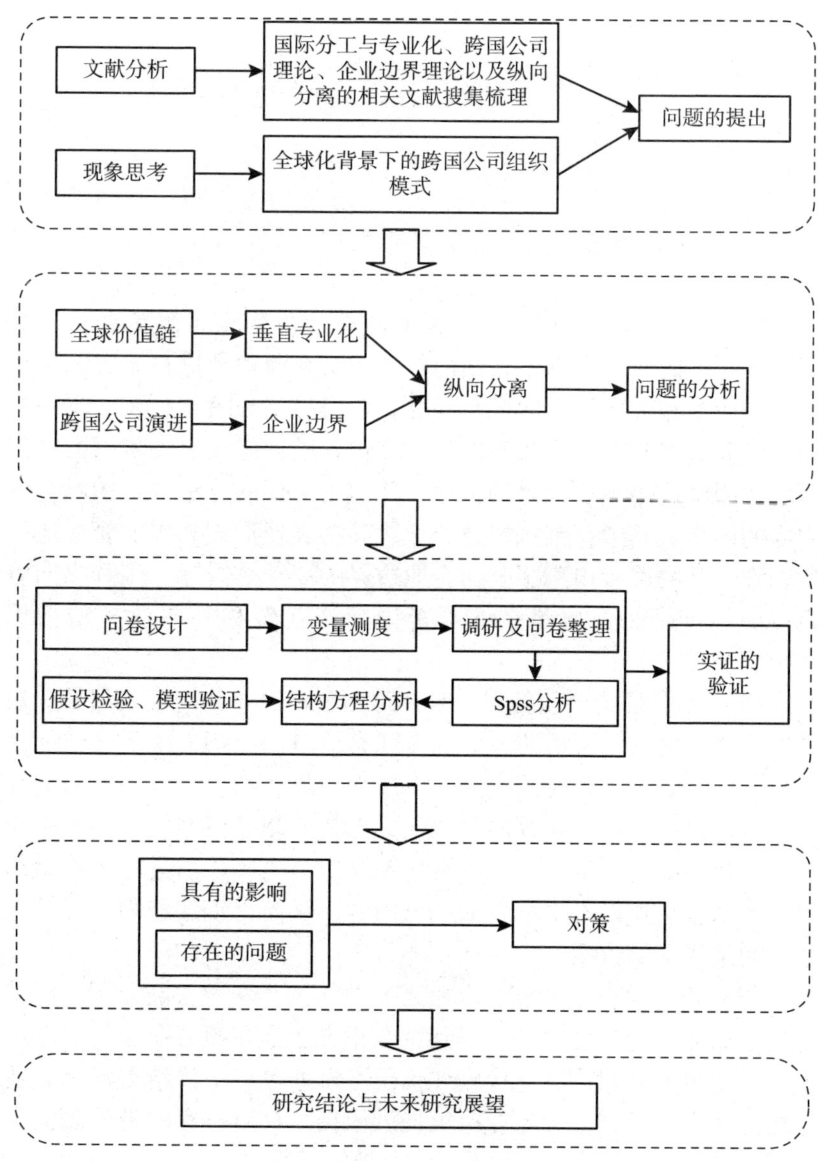

图 1－3　本书研究的技术路线

第四节　研究创新与研究难点

一、研究创新

（1）本书第一个创新点，是对企业边界作出了测量和实证分析。在过去的研究文献中，国内外学者对企业边界进行研究，主要从交易成本和生产组织的视角研究企业边界的收缩与扩张。本书在前人研究的基础上，从战略的角度，将异质性假设引入本书的模型假设，明确提出企业边界的构念，并运用实证的方法分析影响企业边界的因素。其中，重点研究企业边界的表现形式和影响企业边界的因素，并明确指出跨国公司企业边界的变动是国际分工和纵向分离发展的推动力，也是企业承接国际产业转移外包业务的依据之一。

（2）本书第二个创新点，是对跨国公司纵向分离模式与企业边界变动之间内在关系的研究。在全球价值链的分析框架下，借助企业边界的测量，来研究跨国公司的效率边界、权力边界、能力边界和身份边界的变量影响纵向分离模式选择的相关机制。在分析企业边界的相关影响因素后，如何在实现纵向分离模式前进行生产组织模式的基本选择是本书创新的一个内容，从而为承接跨国公司外包业务的选择提供依据。

（3）本书第三个创新点，将层次分析法和灰色关联分析法相结合建立业务外包定量模型，得到企业相关业务和核心业务的关联度大小；使用模糊理论建立模糊评价模型对外包服务供给市场和企业的匹配性进行研究，为企业决策提供依据，具有重要的理论意义和现实意义。

二、研究难点

本书主要运用理论模型的研究方法，尝试解释牵涉企业的生产、贸易行为以及相关运行机制的若干经济现象。然而，鉴于真实世界是极其复杂而多元化的，理论研究在完整、清晰而一致地从逻辑上解释真实世界中的不同现象上，存在极大的困难，面临不小的挑战。首先，本书以企业的国际生产行为以及贸易等作为研究对象，分析了在各种约束条件下企业选择相关策略的问题，它显得异常复杂，难以借助各种数学变量对所涉及的多种策略行为以及约束条件进行描述。然而，从理论模型所具备的解释力来看，在较大程度上和在观察经济活动过程中所获得的经济变量数据和资料的准确性以及重要性有非常密切的关系。在和此类经济现象密切相关的理论研究中，通常会存在那些有着较大的求解难度的模型，这也就产生了不能实现或难以实现理想的预期创新结果。其次，由于它们的假设前提并不相同，所以，对不同理论假说来说，要进行以大样本为基础的经验数据的实证检验研究是比较困难的。此外，由于国际生产分工现象牵涉到诸多方面，如跨国直接投资以及国际外包等，企业在较大范围内开展这些活动的时间相对不长，因而难以获得企业层次的相关大样本数据。因此，不得不借助相当数量的案例分析以及问卷调查研究，从而更好地弥补所缺乏的计量分析。要尽可能地提升理论研究的解释水平，单从案例研究所获得的资料又是有限的，因此可能会对理论验证的相关结果产生影响。上述这些问题的存在，都可能会使本书中的实证研究异常困难。

第二章

文献综述

从本章的重点任务来看，研究了有关定义所具备的理论内涵及其外延，并且写出了文献综述，从而为全书开展深入研究奠定了较好的理论基础。本书主要探讨了企业如何才能更好地在垂直专业化形势下，作出自身在跨国公司组织模式以及纵向边界等领域的决策和相关选择，本书的主体研究对象就是相关的跨国公司。所以，要将跨国公司的相关理论当作本书的研究基础和贯穿始终的研究线索，必须开展垂直专业化研究。所以，从国际贸易理论来看，专业化理论与国际分工理论方面的研究文献成为研究本课题的重要基础；从所研究的问题来看，都是从生产组织方式和纵向边界开始的，所以新贸易理论、不完全契约理论以及新经济地理学的相关理论都为本章提供了难得而重要的研究视角。文献综述能够为分析和探讨、开展理论推导以及进行创新提供良好的基础，因此，本章将新贸易理论、企业理论以及新经济地理学理论的相关逻辑推理当作本书发展与演变的相关脉络，进一步整理和本课题有密切关系的诸多文献质量，切实把握理论内容、基本思想以及主要结论等若干领域，系统分析当前所掌握的文献资料，对前人的研究成果进行总结，在此基础上，准确地把握好本课题的理论定位以及研究问题。

本章作出了如下安排，第一节从古典经济学、新古典经济学和企业异质性的相关理论知识，梳理了在专业化理论和国际分工理论领域的逻辑演变与发展为主要内容的文献；第二节叙述并评价了早期新古典经济学和古典经济学如何认识跨国公司的相关理论；第三节叙述并评价了在企业理论中所获得的主要突破之一，就是企业纵向边界理论的相关研究；第四节叙述并评价了基于纵向分离的相关文献；第五节对上述理论的演进逻辑及存在的问题进行总结，并界定本书的研究定位。

第一节　国际分工与专业化理论

如果从1776年亚当·斯密著的《论国民财富的性质和起源》开始计算，迄今为止人们也在循序渐进地认识企业，并且逐步深入。从新古典厂商理论所坚持的纯技术思想，到交易费用理论中的契约理念，学者们也在逐步理解企业，并加深对企业的理解，从而逐步打开了企业“黑箱”。

一、古典经济学理论对企业内部分工与专业化的探讨

古典经济学的奠基人是英国的亚当·斯密，他在《国富论》中最先提到了企业规模的决定因素，重点从专业化以及分工等视角进行研究。在此过程中，他坚持认为，不断细化的分工能够在一定程度上提升生产力水平。“劳动生产力实现了更大的增加，而且还不断地使用在劳动过程中表现出来的更好判断力以及熟练的技巧，这些好像都是分工所带来的。”在此过程中，斯密也提出了分工能够提升生产力水平的缘由，这是由于工人不断地提升了自己的熟练程度，分工还能够使得他们节约工种转换过程中可能会损失掉的时间；在最后环节，大规模效率较高地使用机器，能够更好地节约劳

动力。分工能够提升生产力水平，分工可能会调整相关工序，形成更细化的工种，使得它们能够相互协调，才能更好地生产出质量上乘的产品，因此企业要组织、协调自身的生产模式和组织方式。从此处能够看出，在斯密所开展的研究中，企业规模在逐步扩大，分工会日益精细，也会逐步地提升生产力水平。但是，分工所表现出来的范围可能会受到交换能力的制约或限制，交换能力会被市场规模制约，所以市场规模可能会影响企业规模的大小。这是古典经济学对企业内部生产工序和生产组织模式研究的开端。

在其后的较长时期内，经济学持续地对企业内部的专业化和分工问题进行了研究。阿林·杨（1928）以斯密命题为前提，对分工受到市场规模的限制水平和程度再次进行了研究，讨论了专业化和分工之间的关系。在他看来，存在着三种层次的分工：首先，是个人的专业化水平，它随着个人工作范围的缩小而得以提升，这就是说，员工的专业化水平与分工水平存在正相关关系，它能够很好地体现斯密的经济思想；其次，是纵向生产链自身的长度，它能够说明纵向分工的水平和程度；最后，是处在每个生产链中相关环节上的产品类型。至此，企业分工与协作理论形成了。

杨小凯（1996）为了解决以上问题，设计了新兴古典经济学的理论框架，认为可以借助制度安排，达到节省交易费用的目标。从降低交易费用的过程来看，能够加快专业化和分工的完成和进步，专业化和分工能够更好地提升生产效率，后者要求制度重新作出安排。这个过程得以循环往复地进行，而且还互相交织，从而形成了经济循环的全部活动。从此框架来看，它的基本分工逻辑如下：人们不但是消费者而且是生产者，可以得到专业化所带来的好处，而且还必须要担负市场上交换专业化的成果所导致的交易成本，假如两者相等，这就说明分工水平是最优的。

古典经济学从分工与专业化的视角，分析了企业规模和生产力提高的演化规律，但没有从企业内部纵向关系和企业之间关系的层面分析同一产业内部会出现不同的企业规模。从此处来看，古典经济学研究并没有牵涉到垂直专业化等问题，但指明了企业内部分工和专业化是提高劳动效率的关键。

二、新古典经济学对企业边际效益的研究

从新古典经济学体系来看，最有代表性的人物是马歇尔。在马歇尔之后，新古典经济学家把企业设计为技术方面的生产函数。在他们看来，企业是专业化生产单位，能够为外部提供相应的生产和服务，所以也被称为专业化厂商理论。新古典经济学主要从以下方面对企业进行研究：首先，讨论了企业所具备的技术特征。企业被看作是既定的生产函数，投入一定数量的生产要素，获得一定数量的产出。在这种生产函数中，可以将所投入的生产要素的量与所产出量的服务和商品的数量关系表现出来。从企业所有的技术特征来看，边际报酬递减规律得到了较好的体现，这就意味着，企业规模在逐步扩大，它的边际收益出现了递减状况，所以企业要为自己确定合适的经济规模，从而使得边际成本最小化，确保最大的总利润。其次，对企业而言，它的经营目标在于实现利润的最大化。在包括古诺等在内的部分新古典经济学家们来看，利润最大化模型可以合理地阐释企业行为，论述为什么企业要确保适度的生产规模，而且还要同时通过产业经济的利润最大化实践，将部分企业自然而然地从市场中淘汰。在此基础上，利润最大化理念吻合了企业投资者的利益，股东能够借助制订一些激励计划，从而要求经理将利润最大化当作目标。此外，霍特灵也是第一次非常系统地论述了新古典经济学在这方面的研究成果。这是新古典经济学从古典经济学的分工与专业化理论演进为企业边际效益理论，还没有触及垂直专业化企业边界理论，但反映了企业分工走向垂直专业化的方向。可以将利润最大化理念当成企业生产函数的基础和前提，企业为了达到消费者的持续需求而开展生产活动投入的相关要素，在企业的生产函数中表现为一定的产出。

三、新新贸易理论对企业异质性的研究

国际贸易理论，重点研究了出现国际贸易分工的缘由、如何分配贸易利益，以及国际贸易格局变动的相关理论。① 李嘉图是研究古典国际贸易理论的代表，而俄林则是新古典国际贸易理论的代表，这两种力量形成了早期的国际贸易理论体系，也被称作传统国贸力量。李嘉图是英国 18 世纪晚期最著名的古典经济学家之一，他在《政治经济学及赋税原理》中论述了对后世有巨大影响的比较成本原理，认为比较成本差异是国际贸易分工的前提和基础，各国能够以专业化水平生产自己具有较大优势或较小劣势的产品，在此基础上开展贸易活动以获取比较利益。这种比较成本理论，标志着古典国际贸易理论的确立。俄林在 20 世纪 30 年代写作了《域际和国际贸易》，在这部著作中论述了生产要素禀赋理论，它是关于彼此依赖的生产结构中的诸多生产要素的理论，很好地发展了以李嘉图为代表的单一生产要素体系。俄林提出的这种生产要素禀赋体系被看作是新古典贸易理论，也是当代世界市场中开展贸易分工的理论前提。在此后的较长时间内，传统类型的比较优势理论成为发达的西方国家在国际贸易理论领域的支柱，为发展国际贸易理论有较大的贡献。然而，全球范围内的经济得到了较大的发展，贸易格局出现了不小的变化，传统类型的比较优势理论属于静态分析法，这也是它的主要缺陷之一。从 20 世纪六七十年代以来，出现了多种多样的新贸易现象，出现了产业内贸易，特别是产品内贸易，这些都对传统类型的国贸理论带来了较大的冲击。这是因为，传统的比较优势原理不能合理地阐释发达国家间出现的产业内贸易现象，更不能合理地阐释以跨国公司为主要导向的产品内贸易现象。从 20

---

① 裴长洪，赵忠秀，彭磊．经济全球化与当地国际贸易．社会科学文献出版社，2006：17.

世纪 80 年代开始，国际贸易理论学家构建了开放动态的理论研究框架，借助新颖的方法探讨国际贸易发生的原因以及带来的结果，分析了全球化形势下的国际贸易结构和政策，构建了新颖的国际贸易理论。从传统类型的贸易理论来看，规模收益没有变化以及完全竞争是它的基本假设，然而，事实上大量产业都存在着规模经济收益递增的现象。此外，国际市场中的竞争状态也具有不完全性。所以，从新国际贸易理论来看，它的基本假设是以不完全竞争的市场结构和规模收益出现递增现象，也是新旧国际贸易理论所存在的最大不同。从国际贸易理论的发展来看，研究视角出现了变化，从传统理论仅仅注重国家，发展到了新贸易理论更多地关注相关企业，尤其是跨国公司。对企业生产组织的相关研究，也是新贸易理论的应有之义。

企业成为新经济地理学理论和新贸易理论的研究对象，它们都找到了研究企业理论的有力精准的分析工具，从而对企业在跨国区位的选择以及国际生产的组织形式方面进行探究。然而，从相关文献来看，它们都假设全部企业均是同质的，这就意味着，企业不存在生产效率以及规模的差异性，因此，政策、建议以及研究结果通常都处于“产业”层次，但未能较为合理地阐述事实上不同企业会作出不一样的选择或决策。还有，企业的差异也会在一定程度上影响国际贸易以及投资。梅里兹（Melitz，2003）构建了异质企业动态产业模型，而且还将霍派哈恩（Hopenhayn，1992）所提出的一般均衡框架下存在垄断竞争的动态产业模型当作理论前提，进一步增大了克鲁格曼（Krugman，1980）所提出的贸易模型，引入了不同企业存在的生产率差异。在构建了异质企业理论前提的相关模型后，伊顿、伯纳德和詹森（Eaton，Bernard & Jensen，2003）和耶普尔、赫尔普曼和梅里兹（Yeaple，Helpman & Melitz，2004）、耶普尔和安特拉斯（Yeaple，Antras，2005）和赫尔普曼（Helpman，2004）以及伯纳德（Bernard，2007）等，凭借对异质企业贸易模型的完善和拓展，在国贸理论模型中引入了企业组织以及企业异质性等内容，这样就能够从微观层面论述企业所作出的贸易行为、对外所开展的投资行为和在国际化生产组织中的相关行为，这样就很好地丰富和拓展了新的国贸理论和实证研究方面。

梅里兹（Melitz，2003）构建了异质企业动态产业模型，这是以霍派哈恩（Hopenhayn，1992）所提出的一般均衡框架下存在的垄断竞争动态产业模型为前提的，而且还对克鲁格曼（Krugman，1980）所提出的贸易模型进行了扩展，还提出了不同企业所存在的生产率差异状况。在企业把握了自己的生产率情况后，才能确立是否要出口。对于经常性地进行贸易的相关企业来说，能够进入出口市场。但是，对那些生产率不高的企业，也就不得不持续地存在于本土市场中，或者被迫退市；在此过程中，所发生的贸易能够使企业深入地优化资源配置，从而使资源流向了那些有着较高生产率的企业。梅里兹（Melitz，2003）还构建了以企业异质性为基础的国际贸易垄断竞争模型，此处企业异质性体现在企业的边际成本（生产率）是各不相同的。这种模型主要是借助不同的生产率和固定出口成本彼此影响而形成的。模型的最终结论是，低生产率企业由于收不抵支退出市场，中等生产率企业仅供给国内市场，高生产率企业则在此过程中可以同时满足国内外市场的需要。梅里兹（Melitz，2003）的相关理论还能够证明，出口成为刺激经济增长的新方式，也就是说，贸易自由化（增加贸易伙伴、降低固定成本以及出口可变贸易成本等）会使得更多的资源以及产出份额流向生产率更高的企业，进一步优化资源配置，从而实现“达尔文进化过程”，在一定程度上提升产业整体的生产率。

从最近10年在贸易理论发展方面来看，最新理论前沿是从企业异质性角度探讨企业投资行为以及国际贸易，而且变成了形成新新贸易理论的主要研究范式。引入企业异质性，能够从微观企业所具备的特征及其行为来研究较为宏观的国际贸易问题，就为发展国际贸易理论打下了坚实的微观基础；新贸易理论模型与企业理论结合在一起，能够很好地阐述当前贸易理论不能科学论述的中间产品的国际生产问题与贸易问题。还有，也不能合理地区分跨国公司如何选择自身的组织模式。国际贸易理论所要求具备的微观经济前提，也能够让相关人士科学地把握投资模式、国际生产组织以及国际贸易的相关变化。虽然新新贸易理论所获得的研究成果仅仅是初期的，然而，却能够很好地为研究企业的贸易、生产行为辅以更好的分析思路，也能够开拓性地发展贸易理论。本书提出了假设企业异质性的研究角度，能够为笔者更好地构建和创新本书的理论模型打下了坚实的基础。

第二节 跨国公司理论

从20世纪80年代开始，经济全球化的发展态势日益显著，全球范围内的经济一体化进程在不断加速，在国际分工和国际贸易中跨国公司的地位和作用日益突出。跨国公司主导着产业内贸易①和产品内贸易，② 而且获得了飞快的发展和增长，变成了国际贸易中至关重要的部分之一。产业内贸易以及产品内贸易的形态属于全新的贸易形式，它很好地说明，当前国际竞争的利益格局和方式出现了较大改变。这些不断变革的经验现象，促进了新贸易理论的形成和发展，新贸易理论很好地吸收了企业理论中的不完全契约理论和产业组织理论，将传统贸易理论尚未高度重视的相关假设，如“不完全竞争”“规模经济”以及“产品差异”等，用来解释和论述新近产生的国际经济现象；而且将跨国公司选择是否参加国际分工和市场规模、要素禀赋以及贸易成本等这些非常具体的国家特征联

---

① 产业内贸易是指，一个国家在出口的同时又进口某种同类产品，在此“产业”是具有一定范围限制的，是指特定的产品类别，产业内贸易主要发生在发达国家之间（本书此处对产业内贸易的定义，主要引自：田文，产品内贸易论．经济科学出版社，2006：65）。

② 产品内贸易是指，以产品内分工为基础的中间投入品贸易。（本书此处对产业内贸易的定义，主要引自田文．产品内贸易论．经济科学出版社 2006：1）。

系起来，从而产生了水平型跨国公司贸易理论、垂直型的跨国公司贸易理论。这样一来，跨国公司就被合理地融入新古典贸易理论方面的一般均衡分析框架中去，在国际贸易理论的不断发展中，将企业组织的视角引入新贸易理论也是它自身非常关键的里程碑之一。①

一、国际产业组织理论

从跨国公司对外直接投资发展的路径来看，国际产业组织理论先从垄断优势论开始，逐步发展到内部化理论，然后，还形成了相应的区位理论以及国际生产折中理论。

（一）垄断优势论（Theory of monopolize advantage）

从垄断优势论来看，之所以会出现对外直接投资，根本原因在于市场的不完全性，在此过程中，跨国公司具备较大的垄断优势，这也是他们对外开展直接投资以及获利的前提条件。这种不完全性重点表现在下列方面：第一，产品市场具有不完全性，特殊的市场技能、商品差异价格联盟以及商标等要素和这个特征有密切关系；生产要素市场凸显出强烈的不完全性，可以看出在资本市场上，管理技能的特殊性使其拥有较大的便利，技术差异受到了专利制度的有力保护等，这些在生产要素市场有着直接而显著的体现；规模经济还会造成市场的不完全性，它是由下列政策因素造成的：政府的关税、税收、汇率以及利率等。跨国公司所具备的垄断优势重点涵盖了如下方面：市场、生产、规模等方面的垄断优势以及政府的关税以及课税等贸易限制措施而形成了在进入市场或者退出市场时所遇到的阻挠或障碍，造成跨国公司利用自身的垄断优势，开展相应

① 王恺伦，金祥荣．跨国公司理论的最新进展及其现实启示．国际贸易问题，2007（7）.

的对外直接投资活动。海默在分析了跨国公司为何决定对外直接投资时从以下两个方面进行了研究，这两个方面不是许可证交易或出口问题：首先，东道国关税壁垒可能会存在一些阻碍，导致跨国公司无法正常地通过出口来扩大产品和服务市场；其次，是对技术和服务等资产来说，它们无法向销售其他商品获利那样得到所有收益，但是，如果开展对外直接投资，能够确保跨国公司控制技术运用和经营事宜，所以，能够借助通过 FDI 得到全部的技术资产收益。

垄断优势理论打破了之前借助国际分工理论和稀缺资源的可移动水平来阐述跨国公司所受到的制约和限制，和国际贸易理论中完全竞争以及市场竞争的基本假设比较而言，这种理论假设更接近最终产品市场存在着不完善竞争的现实状况，因此有着更强的解释力（薛求知，2007）。从实际来看，这种理论在 20 世纪 60、70 年代极大地影响了西方学者的研究。它从理论层面拓展了以国际直接投资（international direct investment，IDI）为对象的全新研究，它被看作是当代跨国公司理论形成的标识，使得 IDI 理论变成了独立的学科门类。它能够很好地论述跨国公司在较大的空间内借助自身的垄断优势开展横向投资，还可以分析跨国公司在外国开展的纵向投资行为。这涵盖了一些工序，特别是那些劳动密集型工序，能够更好地维护自身的垄断地位，所以，它极大地影响了跨国公司在对外直接投资（foreign direct investment，FDI）理论的进步和发展。

但是，此种理论也有自己的缺陷。比如，它未能较好地分析 FDI 流向的地理分布或产业分布；美国是其主要的研究对象，不能很好地指导广大发展中国家企业在 FDI 方面的理论和行为。

（二）内部化理论（The Theory of Internalization）

内部化理论是目前用来解释投资的一种流行理论，加拿大的知名学者鲁格曼（Rugman）以及两位英国人卡森（Casson）和巴克利（Buckley）是该理论的代表人物。1981 年，鲁格曼发表了《跨国公司的内幕》，1982 年主编了著名作品《跨国公司新理论》。后者的代表作品，是卡森和巴克利合著并于 1976 年发表的《跨国公司的未来》以及卡森在 1979 年发表的《跨国公司的选择》。“内部化”指的是，“将市场构建在公司内部的历程，原先的外部市场是固定的，但是被后来的内部市场代替了，公司范围内的转移价格能够在内部市场中起润滑作用，使它就像固定的外部市场那样，可以很好地发挥自身的作用”。与垄断优势论相同的是，这种理论的假设也是市场的不完全性，然而，它的内涵并非指关税壁垒、规模经济以及寡占等方面，指的是由于其他因素，如市场失灵或者其他信息不对称等，增加了企业在市场中的交易成本（Transaction Cost，TC）。所以，跨国公司可能会运用内部化方法来代替市场的作用。这就是说，企业要借助外部市场不完全性，完成内部化的交易，而且还能够减少市场交易成本，尽可能地提升经营效率。

内部化理论，尤其关注中间产品市场所具备的不完全性，它导致企业未能较好地运用外部市场，从而开展富有成效的经营活动。从内部化理论来看，由于市场的不完全性，假如企业要获得最大化的经营利润，务必要超越外部市场所存在的交易障碍，把跨国公司所开展的外部市场交易变成在跨国公司内部所属企业之间的各种贸易行为。如此一来，能够构建这些企业之间的内部市场，然而，在当内部化超出了一国的界限，出现了跨国公司。相当数量的中间产品，特别是专利和技术等“知识中间产品”，能够为企业奠定 FDI 的经济基础和前提。考虑到和知识有密切关系的中间产品市场存在着不完全性，导致定价存在一定难度，会增加市场的交易成本，可能保证不了企业赢利。假如企业中存在着比较高的中间产品市场交易成本时，企业要对所有经营活动进行统一整理和管理，外部市场也就被内部市场代替了。通常情况下，要求企业有较强的组织能力和更高的管理水平，进而使得内部化成本在一定程度上小于外部市场交易成本，唯有如此，市场内部化才行得通。从这方面来看，跨国公司是在市场内部化过程中不断跨越国界的有力产物。

区位理论，能够为探讨人类在经济行为方面如何选择空间区位及在空间区位内如何优化组合相应的经济活动。区位优势指的是，某个国家可以为其境内开展增值活动的相关企业提供诸多有利要素和条件。它们可能是由这个地区的自然条件或（和）经济状况决定的，或者是相关地方政府法规和政策决定的。所以，在这种情况下，可以阐释 FDI 的投向。著名的德国经济学家冯·杜能，在 1826 年写出了历史上第一本关于农业区位理论的作品：《孤立国对农业和国民经济之关系》（通常被简称为《孤立国》）。从最开始的区位理论来看，重点关注如何实现国内资源的区域配置，之后沃特尔·艾萨德发展了这种理论，使得它能够解释关于 FDI 的区位理论。从后者来看，跨国公司向某个东道国或特定区位开展直接投资时，是为了得到相应的区位优势，但是，其他东道国并不具备此类区位优势。

迈克尔·波特（Michael Porter）以及保罗·克鲁格曼（Paul Krugman），是现代区位理论领域最为杰出的创立者。1990 年波特的《国家竞争优势》发表于《哈佛商业评论》第二期的论述，具有划时代意义。他在同一年，扩充和延伸了这篇论文的重要论点，使得它变成了翔实、可靠的理论专著，依旧定名为《国家竞争优势》。这些努力破除了过去长时间以来在区位理论的不繁荣态势，使得西方国家的经济学领域掀起了研究产业聚集以及区位理论的热潮。在此过程中，克鲁格曼在这个方面写出诸多重要作品，从而使得他真正地在这种理论中成为权威。在他看来，跨国公司向特定区位（东道国）开展直接投资的原因，是因为它需要得到既定的区位优势，但是其他东道国并不具备，所以要牵涉和东道国有关的区位因素。这不但影响跨国公司的成本问题，而且在一定程度上表明了跨国公司持续扩大和发展的动力所在。所以，如果东道国有区位优势，就会成为跨国公司 FDI 的热土，而且能够吸引较多的外来投资较多的场所。区位因素能够从以下五方面吸引跨国公司的 FDI：（1）劳动力成本。在跨国公司开展 FDI 选择区位的过程中，先将目标锁定在有着较低劳动成本的区位，特别是在实现了产品技术的标准化之后，生产成本成为国际竞争领域的重要要素。(2) 原材料供应。为了更好地确保稳定的原材料供应，会在一定程度上使得跨国公司朝着纵向一体化的方向扩展，所以从跨国公司来看，可能会对那些拥有相关原材料的东道国开展 FDI。(3) 市场位置和潜力。东道国所在的位置是至关重要的，它可以在一定程度上节约市场交易成本以及交通成本。除此之外，东道国自身的市场潜力也是较为关键的。(4) 贸易壁垒。贸易壁垒水平的高低，能够对跨国公司在出口和直接投资方面的选择产生影响，这是由于直接投资能够最有效地绕开贸易壁垒的方式。(5) 政府政策。投资环境和政府政策能够对直接投资产生重大影响，还和跨国公司的 FDI 活动的区位选择有极大关系。从以上五种因素来看，都有一定的区位优势，可能会潜在地吸引外国投资者。然而，在任何情况下，通常它们对所有企图进入该地区的跨国公司是同样的。

虽然区位理论事实上可能只会牵涉投资目标国的若干环境因素和领域，没有更多地关注企业自身因素以及它们的投资动机等，然而，它能够用来分析 FDI 过程中的环境要素，从而使得企业更好地确定恰当的投资地点。

(三) 国际生产折中理论 (The Ecletic Theory of International Production)

英国里丁大学 (University of Reading) 的邓宁教授于 1977 年在自己的作品《贸易、经济活动的区位和跨国公司：折中理论方法探索》中提出了这种理论。而且，还在 1981 年出版的《国际生产和跨国公司》进一步论述了折中理论。它很好地借鉴了 20 世纪 60 年代后在国际生产领域的若干主要理论，涵盖了垄断优势理论、区位理论以及内部化理论等。

在这种理论中存在下列 3 个假定条件：所有权优势 (Ownership)、区位优势 (Location)、内部化优势 (Internalization)，就是众所周知的 OLI 模式。对跨国公司来说，只有全部满足这三种条件，才可以开展 IDI。区位的特定优势，是东道国所具备的，企业不得不利用以及适应此种优势。首先，要求东道国在不可移动的要素禀赋领域能够提供相应的优势，如丰富的自然资源和便捷的交通地理区位等；其次，是东道国形成了有利的政治经济制度，具备优良的基础设施等。从整体上来看，企业要充分考虑和结合东道国的相关要素投入，尽可能地运用其优势，在此过程中要比运用本国要素投入更为有利。考虑到相关国家的经济结构、环境和政府政策都可能会出现不同程度的变化，存在不同差别，在各国各行业的各企业中，上述三种优势的分布也有所差别，而且呈现出动态变化的态势。所以，这就确定了相关跨国公司存在有所差异的国际生产类型。从邓宁所提出的这种折中理论来看，很好地融合了相关学者的国际生产理论，而且加入了区位优势理论，使得这种折中理论呈现出一般化、综合性、动态化的理论架构。它的形成对人们理解和把握 IDI 的相关表现形式以及动因，有着至关重要的理论意义和现实意味。

二、水平型跨国公司理论

有三种理论模型研究了存在水平差异的跨国公司贸易：新赫泰林的垄断竞争模型、张伯伦垄断竞争模型和以马库森为代表的贸易成本模型。

在 20 世纪 70 年代末期，克鲁格曼、迪克西特·斯蒂格利茨以及赫尔普曼（Krugman，Dixit Stiglitz & Helpman）等著名经济学家运用张伯伦（Chamberlin）所创作的垄断竞争理论，分析水平型跨国公司贸易活动，创作了新张伯伦垄断竞争模型。① 在他们看来，以技术进步和利润最大化的理念为指导，只要企业层次存在产品差

---

① Dixit，A. K.，Stiglitz，J. E.，Monopplistic Competition and Optimum Product Diversity，Amerian Economic Review，Vol. 67，11977，pp. 295 - 309；P. R. Krugman，Scale Economies，Product differentiation and the pattern of trade，American Economic Review，Vol. 70，1980，pp. 948 - 959.

异化、规模经济、多元化的消费需求和市场的不完全竞争结构，哪怕两个国家有着相同的要素禀赋，它们也会出现水平型产业内贸易，但这是以跨国公司为主要载体和导向的。

兰开斯特和克鲁格曼（Lancaster，Krugman，1980）等提出新赫泰林垄断竞争模型。① 从这个模型来看，它的假设是商品存在着相同的生产成本，厂商在进入市场以及退出市场时是自由的，因此它们能够自主地决定是否生产商品。在生产的起步时期，每种产品都有规模经济的存在，每个厂商在确定进入市场后，都要面对同样的生产成本函数以及向下的平均生产成本曲线。对厂商来说，务必要确定生产什么产品以及产品的价格水平。

马库森（Markusen，1984）持续地研究了水平型跨国公司的投资行为以及贸易行为。在他看来，假如存在 2 个对称国家、2 种生产要素以及 2 种产品，跨国公司能够确定是在本国生产然后向另一国出口；还是在东道国进行生产并满足东道国的需求。它提出的模型将贸易成本“内生化”了，如此一来，跨国公司就要权衡贸易成本以及规模经济。假如是在当地生产而且出口，要付出相应的贸易成本，但最终结果会能够得到规模经济的优势；假如决定开展跨国投资，在东道国从事生产活动，能够降低贸易成本，但最终结果会加大这些企业的固定成本。因此，在跨国企业日益增大固定成本时，会造成越来越高的贸易成本，产品的替代弹性会逐步降低，也就易于出现水平型跨国公司。

马库森和维纳布尔斯（Markusen，Venables，1998），对马库森模型进行了相应的扩展，拓展了两国对称的假设基础和前提，建立了同质产品古诺寡占模型，对跨国公司开展多种类型的水平型国际贸易活动进行了集中研究。维纳布尔斯和马库森（Venables，Markusen，2000）提出，在 D－X 垄断竞争模型的理论架构中，假

① K. Lancaster，Intra-industry Trade Under Perfect Monopolistic Cometition，Joural of International Economics，Vol. 10，1980，pp. 150－177.

如两个国家的要素禀赋以及规模非常相似，就非常易于出现水平型跨国公司。在此基础上，贸易成本日益增长、市场规模日趋扩大、规模经济更加明显的情况下，非常易于出现跨国公司。在他们看来，贸易行为和直接投资是相互替代的关系，这种模型能够合理地阐述发达国家间为什么会增加投资量和贸易量的问题。然而，FDI与贸易的替代关系，却和事实不完全相吻合。

三、垂直型跨国公司贸易模型

从20世纪90年代开始，相关学者在研究以跨国公司为主要载体产业内贸易过程中，更多地强调垂直型的产业内贸易方面。水平型产业内贸易，指的是开展双向贸易的双方有质量相近的商品，这种不同只是表现在属性或特性方面。垂直型产业内贸易，指的是不同质量的相似性物品在统一时间进口和出口。①

法尔维（Falvey，1981）率先研究了垂直型产业内贸易。在他看来，现实贸易中大量厂商生产了不同质量的商品，即便没有规模经济的存在，也很有可能会出现垂直型的产业内贸易。对一些国家来说，在一定程度上缺乏劳动力，但是资本是相对充足的，出口产品的质量可能较高。对那些劳动力相对充足，但是缺乏相应资本的国家，出口产品的质量可能是比较低的。② 学者们以他的这种模型为前提，提出了三种新型的代表模型，能够深入地阐述垂直型产业内贸易，即新H－O模型以及自然寡头模型，再考虑到克鲁格曼以及赫尔普曼所发展出来的要素比例模型，就形成了研究垂直型产业内贸易领域的相关理论体系。

凯科斯基和法尔维（Kierzkowski，Falvey）构建了新H－O模

---

① 水平型产业内贸易和垂直型产业内贸易的定义引自：裴长洪，赵忠秀，彭磊．经济全球化与当代国际贸易．社会科学文献出版社，2006：58.

② Falvery，P. R.，Commercial Policy and Intra-Industry Trade，Journal of International Economics，Vol. 11，1981，pp. 495－511.

型（也被称为 F－K 模型）。它很好地说明了，即便不存在规模经济和不完全竞争的市场结构的相关基本假设，依旧会出现垂直型产业内贸易。[①] 他们借助这种模型，对技术、要素禀赋以及收入分配三种要素影响贸易类型的程度和范围进行了考察。假如存在相同的技术、不同的要素禀赋，贸易类型就易于表现为有着高度密集资本的国家所进口的产品是同质性的，而且还会将自身的异质性工业产业出口，在此过程中，可能会出现垂直型产业内贸易。从这种贸易量的增加或减少来看，重点在于两个国家之间在要素禀赋等方面相对差异的改变。假如出口产品质量较高的国家提高了资本要求和劳动比率，就会减少这种贸易量；假如出口产品质量较低的国家提高了资本要求和劳动比率，就会增加这种贸易量。

谢克德和萨顿（Sutton，Shaked）建立了自然寡头模型（也被称为 S－S 模型）。其研究视角是从企业研发对市场的影响和对产品质量差异的影响，进而关注垂直型产业内贸易。从 S－S 模型来看，表明了提高研发能够在一定程度上提升产品质量，然而研发支出是固定成本的一部分，所以要提升产品质量只能在一定程度上提高可变成本，价格在不完全竞争的市场结构并不会由于质量提升而增长。所以，如果价格水平相同，消费者更愿意购买质量相对较高的那些产品，从而淘汰低质量产品。假如两个相同国家能够进行相互贸易，从此种类型的相互贸易结果来看，假如某个国家只存在一个能够生产质量相对较高产品的企业，它要同时满足两个国家的市场需求，就会产生垂直型产业内贸易。

赫尔普曼和格罗斯曼（Helpman，Grossman，1955）以及赫尔普曼（Helpman，1954），以垄断竞争理论为基础建立了一般均衡模型，借助要素比例的一定差异性，阐述了垂直型跨国公司所开展的贸易行为和投资行为。在他们看来，假如两个国家之间存在着不对

① Favley. D. and Kierzkowski，H.，Product Quality，Inntra-Industry Trade and（Im）perfect Competition，Protection and Competition in International Trade，Oxford Clarendon：Basil Blacjmell，1987，pp. 143－160.

称的要素禀赋，假如规模报酬出现递增的状况，跨国公司通常会把生产中间投入品的环节确定在那种有着较高的劳动密集度的国家。但是，会将包括管理和技术研发等相关总部服务设置在母国，如此一来，在垂直型跨国公司内部，会形成相当数量的内部贸易进口以及中间产品方面的进口，从而拉动母国的出口贸易。从这个模型还能看出来，生产阶段的不同也会导致不同程度的要素密集度，从不同国家间要素禀赋所具备的差异性来看，会造成不同国家中相同要素的价格出现一定的差异性。所以，最大化利润理念，使得跨国公司将劳动密集型程度较高的生产过程以及制造环节选择发展中国家。通常情况下，它们有着更低的劳动力成本。世界范围内迅猛发展的中间产品贸易，就是其最为直接而有力的依据。从当前来看，全球制成品贸易总额中，超过 1/3 是中间产品贸易总额。假如中间产品贸易属于跨国公司所开展的内部贸易，肯定会带来垂直型跨国公司的贸易行为以及投资行为。从这种理论来看，能够更好地论述在发展中国家和发达国家之间所发生的中间产品贸易。然而，它没有关注制度环境以及贸易成本也能够在较大程度上影响垂直型跨国公司的贸易行为。

综上所述，新贸易理论突破了传统贸易理论的局限。关于跨国公司的相关研究在新贸易理论中是非常主要的内容，在此基础上就能将国际贸易、投资以及分工专业化的相关研究活动并入一致的理论研究框架中。从上述研究成果来看，不仅有密切的联系，而且是彼此区别开来的。这些理论很好地表明了跨国公司的投资行为和贸易的类型以及动因，还研究了发生上述贸易和投资类型的基础和前提条件，探讨了企业向其他国家转移生产环节的缘由和结果。然而，从上述研究来看，也没有充分地说明部分跨国贸易行为和投资行为为何出现在企业的边界内部，但是其他部分出现在企业边界外部。它的意思是，跨国公司怎么安排自身的国际生产组织方式，跨国直接投资以及国际外包有什么样的关系？要将企业边界理论运用于新国际贸易理论框架中，就是第三节综述的主要内容。

第三节 企业边界理论

20世纪90年代以前，新国际贸易理论在研究跨国公司时，并未能很好地将企业理论中的产权分析方法和交易成本分析法等运用在相应的研究架构中。这是由于产权、交易成本以及完全契约等被相关专家看作是市场机制所具备的缺陷，难以恰当地在一般均衡分析模型中研究这些问题，特别是要克服不小的技术困难。从大量的国际贸易模型来看，没有考虑交易成本变量。新贸易理论的相关学者们，从20世纪90年代末期才不断地打破技术禁锢，运用交易成本和产权等相关分析方式，研究跨国公司的边界和生产组织方式的选择问题。目前，主要有两个研究领域是最有成果的，也是最具代表性的。

针对新古典经济学派的边际效益理论，科斯（Coase，1937）所著《企业的性质》得以发表。他第一次提出了“交易费用”的定义，而且将其看作是唯一具有重大意义的因素。他全面地解答了企业的本质，也就是说，企业是价格机制以及市场的替代物，而且第一次论述了企业边界问题。科斯的这部作品，先以较大篇幅讨论了企业的纵向边界①及变化，在开创性地提出这种分析思路后，企业纵向边界理论获得了较快的发展，并得以逐步深化。他重点研究以下三个方面的企业纵向边界问题：一是研究为何出现企业边界？企业的边界规模应该有多大？二是研究企业边界变化的原因和发展

① 戴维·贝赞可（1996）指出，任何产品或服务的生产都涉及相当多的活动，从获取原材料到最终产品的分配和销售的过程，被称为纵向链条（vertical chains），其中，处于纵向链条前面的步骤为生产过程的上游（upstream），后面的步骤则为生产过程的下游（downstream），对于上游产品、下游产品或专业的支持性活动，厂商必须确定是在企业内部生产，还是向其他厂商购买。如果在企业内部生产就意味着由企业来解决资源配置问题，企业的边界就会扩大；如果通过购买来解决资源配置问题，那么，企业的边界就会缩小，由此所确定的便是企业的纵向边界（vertical boundary）。

趋势，究竟存在哪些决定因素？三是如果企业边界出现了变化，将会在哪些方面影响企业决策、市场结构以及产业组织等？经济全球化如何以及在多大程度上影响企业的纵向边界变化？

一、交易成本视角下的企业边界

1991 年，科斯（Coase）是诺贝尔经济学奖的得主，他的文章《企业的性质》在 1937 年的经济学期刊上得以发表，使他成为在交易成本理论方面的先驱者。在此过程中，这篇文章也被看作是关于企业边界问题研究的不二作品。从这篇文章来看，科斯准确而清楚地认为可以从交易成本分析市场和企业之间的界限。

以科斯交易成本理论为前提，奥利弗·E. 威廉姆森（Oliver E. Williamson，1971，1975）扩充了此理论。在后者看来，对交易成本产生影响的因素涵盖了投机行为、有限理性、信息不对称、不确定性以及资产专用性等方面。奥利弗·威廉姆森认为，在企业扩展纵向边界（纵向一体化）的过程中，市场机制可能会无法行之有效地运作，从而使得内部交易成本低于市场交易所需要的成本，因此才会开展纵向一体化，把市场交易从外部交易转变为内部交易，能够更好地节约交易成本。从资产专用性领域来看，克劳福德、克莱因以及阿尔奇安（Crawford，Klein & Alchian，1978）在其论文《纵向一体化、可占用租金与竞争性协议过程》中提出，在开展一部分特殊性资产的投资过程中，可能会增加专用性准租。假如在交易时运用契约，可能会使得上游企业以及下游企业间在开展契约交易时出现投机行为，谋取自我利润。而且，假如资产的专用性增高，那么，专用性准租就会增多，就更容易发生投机行为。在契约交易时，假如它的成本超过了纵向一体化过程中的成本，就会使得厂商实行纵向一体化。假如需要分析交易成本和生产成本影响纵向一体化的决策，在雷奥丹和威廉缪森（Riordan，Williamson，1985）看来，资产专用性不能在相同过程中形成不同的生产成本和交易成本；如专用性资产能够节约较多的生产成本，为了预防资产被转移到企业外的使用者的控制中，假如经济规模比较小，需要较低的内部组织成本，就会使得企业进一步扩张其纵向边界，从而开展纵向一体化。

1983 年，张五常在《企业的契约性质》中，更深刻地认识了企业的性质。在他看来，企业与市场不存在本质差别，仅仅是两种不同形式的合约安排，“是运用这种合约代替了另外一种合约”，① 企业并没有借助内部生产组织方式来取代市场价格机制，恰恰是借助自身的劳动要素市场来取代那些中间产品市场。张五常所提出的合约理论，能够在一定程度上认识到企业的本质属于要素市场取代中间产品市场。考虑到劳动的交易效率要显著地高于中间产品的交易效率，对企业而言，属于诸多合约而形成的结合体。在此过程中，张五常（1983）还提出了关注价格的成本，涵盖了信息、度量以及谈判成本等若干方面的成本。

麦克拉伦（Mclaren，2000），格罗斯曼和赫尔普曼（Grossman，Helpman，2002，2003），将交易成本分析法引入国贸领域的产业均衡分析框架中去，这样能够更好地表明企业的生产决策或贸易对市场结构产生了什么样以及多大程度的影响，而且，如何向其他企业中的生产组织选择进行传导，构成相应的反馈机制。

麦克拉伦（Mclaren，2000）借助交易成本方法，研究了某个国家的产业结构从封闭状态到开放经济后可能会出现何种变化。他把交易成本领域的“套牢问题”以及资产专用性等运用到相关模型中。这个模型所获得的重要结论，涵盖了下列方面：（1）假如在封闭经济中的企业后向一体化的供应商，会以负面效应影响其他非一体化的相关企业，这是由于一体化供应商自身会采取措施，将中间产品市场“稀释”，从而增加了上游供应商和下游企业间的“套牢问题”。所以，如果产业内存在相似的企业，会存在两种状况的产

① 张五常．企业的契约性质．上海人民出版社，1996.

业均衡形式：全部企业均选取纵向一体化或纵向非一体化，所有供应商均是独立的。由此结论能够看出，为何会在相似的两个国家中有完全不同的产业结构。（2）从开放经济来看，国际贸易拓展了新的国际市场，大大增加了市场厚度，[①] 供应商易于从国外市场中获得适宜的下游公司或企业，会提示供应商进行讨价还价的范围和能力，从供应商和最终产品企业的关系来看，更多地表现为相互独立，产业结构就更可能表现为（非一体化的）柔性结构。在此过程中，它也能提升全球范围内的社会福利。然而，麦克拉伦在 2000 年所设计的研究模型存在着固定成本限制性假设的缺陷，没有在产业均衡分析时充分考虑或关注最终产品市场的变化，研究视角不够宽阔。

格罗斯曼和赫尔普曼（Grossman，Helpman，2002），在该模型中运用了不完全契约思路以及搜寻成本，在非常具有统一性的分析架构中，运用了多种生产组织方式，如纵向一体化以及纵向分离等。从这种模型来看，企业要权衡诸多收益和成本，如选取纵向一体化，意味着务必支付高额的固定成本；假如选择纵向分离，也就是垂直专业化，[②] 务必支付不完全契约的交易成本以及相关的搜寻成本（在找寻交易对象过程中所付出的相关成本）。因此，他们得出了下面的结论：（1）假如搜寻成本并没有伴随着市场规模的变化而改变时，对企业而言，纵向分离或纵向一体化都是可能的均衡结果，而且非常具有稳定性。然而，这两种不同的生产组织方式不会共存于同种均衡状态中。（2）减少搜寻成本，提升消费品替代弹性，提升中间产品供应商在讨价还价方面的能力，能够进一步导致企业纵向分离（垂直专业化）的出现。（3）假如搜寻成本伴随着市场规模的扩大而减少，也就是说，搜寻技术出现了规模报酬递增

---

① 市场厚度（market thickness）是指，同一区域供应商的数量。斯蒂芬（Stephen，1993）研究发现，市场厚度越大，交易成本就会越小；托马斯（Thomas，1995）使用美国制造业的数据证明，市场厚度与企业的纵向一体化程度有着负相关关系。

② 这是对文中 vertical disintegration 的不同翻译，便于不同读者的理解。

的现象时，不断扩大的市场规模会易于促进纵向分离均衡状态的产生。(4）从最终产品生产成本对中间投入品专业化水平的敏感度来看，能够对它的资产专用性程度进行相应的衡量。通过相应研究可以看出，企业纵向一体化水平和资产专用性程度，并没有直接而显著的正向相关性。在提升资产专用性程度的过程中，产业均衡中唯一不变的是企业都会选取纵向分离。这就是说，这种模型仅仅关注封闭经济中的产业均衡状况，而且也没有深入分析多重均衡。

格罗斯曼和赫尔普曼（Grossman，Helpman，2003）扩展了这种模型，研究了处于开放经济形态中的产业均衡状态，而且用国际外包领域的生产组织选择理论加以分析，企业能够在更低廉的劳动力要素价格的发展中国家生产一部分部件，通常会借助国际外包或FDI的方式。他的主要结论如下：（1）开放经济能够增加市场的厚度，可能会出现更为频繁的均衡情况。然而，假如全部生产环节均处在某个国家，全部企业都表现为完全垂直专业化的均衡状态。那么，这种状态是非常不稳定的。(2）假如发展中国家的市场规模得到了持续扩展，跨国公司会在一定程度上增加它的国际外包业务，提升发达国家的总收入、国际贸易的福利程度和跨国企业内部的贸易量。(3）假如发达国家超过了发展中国家的发展速度，提升搜寻技术，能够加大全球市场的国际外包活动。（4）对发展中国家而言，法律制度环境能够在一定程度上影响跨国企业选择生产组织形式的情况，会对合约质量和跨国公司所获得的国际外包盈利产生影响。所以，假如发展中国家不断地改善自身的法制环境，就能够吸引更多的国际外包活动。然而，这篇文章未涉及发达国家所受到的缔约环境的相关影响。

综上所述，假如“斯密定理”为我们总结了专业化（纵向边界缩小）的缘由，那么，科斯—威廉姆森的相关理论清楚地解释了纵向一体化（纵向边界得以不断扩大）的缘由。二者彼此补充、描述的相反趋向，成为研究企业边界的基础性框架。然而，我们也看到科斯—威廉姆森模型方面有不少争议：第一，这种模式分析了处在相对静态的短期均衡状况，却没有重视在资源配置中所形成的相关效益与市场环境所出现的动态变化，以及在此基础上所出现的各种问题；第二，这种范式关注市场和企业两极，但是却没有较好地分析处在两极中间的组织模式，而且这种范式没有规范的实证分析支撑。在哈特等看来，阿尔奇安、威廉姆森以及克莱因等所提出的纵向一体化理论，没有高度重视其中仅仅能将机会主义行为变为内部化状况，但却无法消除机会主义的相关行为，因而各个当事人实现一体化的结果是相同的。此外，还要看到格罗斯曼、哈特以及穆尔等以威廉姆森、克莱因、阿尔奇安等学者的研究为基础，进一步延伸和充实了基于不完全契约体系的产权理论。

二、不完全契约理论视角下的企业边界

企业边界理论，来自科斯（Coase，1937）分析交易成本的相关内容。交易是研究经济学最基本的单位之一，要借助分割和再配置产品租金的分配过程，所以，从科斯理论开始，国际企业边界的影响因素成为当代契约理论研究的关键之一。因为契约的不完全性，使国际贸易存在一定困难。在国际贸易不完全契约的条件下，它的资产配置、自我履约机制以及产权理论等很好地解决了这个问题。从现代契约经济学来看，它从理论方面分析了处于不完全契约框架中的企业边界、决定以及权力配置问题，继承和进一步发展了威廉姆森范式以及科斯所提出的交易成本理论。这种理论的代表，是格罗斯曼、克莱因、哈特和穆尔（Grossman，Klein，Hart & Moore）。

以威廉姆森以及科斯等所提出的资产专用性理论以及交易成本理论为基础，哈特、格罗斯曼和穆尔（Hart，Grossman，Moore）等提出了剩余控制权理论——新产权理论。他们站在所有权激励的高度，对纵向一体化的形成原因进行了研究。哈特与格罗斯曼进行的模型分析，主要讨论三种最主要的所有权结构：非合并型、一类合并、二类合并。其中，一类合并以及二类合并属于一体化的两种不

同形式。借助对比三种所有权结构形式下双方在开展关系专用性投资后所获得的利润（投资收益—成本）的多少，能够很好地把握哪一种所有权结构的效率更高或更低。

从哈特和格罗斯曼（Hart，Grossman，1986）所进行的分析来看，一体化影响最高管理层的激励，以此对其成本与收益进行考察，但是，没有分析雇员层面的激励变化。哈特和莫尔（Hart，moore，1990）考察了在发生一体化的情况下企业雇员的激励会出现什么样的变化，分析了它对一体化所产生的影响，深入地界定了剩余控制权的定义。① 从这个模型来看，假如某个当事人的行动对自己能否拥有资产异常敏感，他的行动对创造剩余也具有重要意义；或者对其他当事人来说，他是至关重要的交易伙伴，那么，后者所采取的行动，既对能否进入资产十分敏感，而且还对创造剩余具有重要意义，那么，他就非常可能拥有这种资产。

格罗斯曼、哈特和穆尔（Grossman，Hart & Moore）提出的剩余控制权理论（也被称作 G－H－M 模型），这个理论在一定程度上将科斯以及威廉姆森等所提出的交易费用理论模型化，从而更加深入地分析了企业的纵向一体化问题。

安特拉斯（Antras，2003）把哈特和格罗斯曼（Hart，Grossman，1986）所提出的产权思路引入赫尔普曼和克鲁格曼（Helpman，Krugman，1985）所创造的分析框架内，有效地融合了国际贸易一般均衡理论和企业纵向边界问题。从他的研究结论来看，重点涵盖了下列方面：（1）如果是资本密集型的相关行业，最终产品所进行的投资应该通过纵向一体化操作，把剩余控制权控制在企业内部。（2）假定资本密集度的临界值 B。先假定资本密集度超过了 B，处在均衡中的企业通常会选取实现纵向一体化；假如资本密集度小于 B，均衡中的企业会选择实现纵向分离。所以，这两种状况不能共存于同一种均衡中。（3）对处于开放经济中的全部资本密集

① 他们假定一个资产所有者所拥有的唯一权利，是排斥他人使用资产的权利。

型的生产环节而言，有着较高资本密集程度的国家，通常会在发展中国家安排劳动密集型的生产活动。因此，对发生在资本密集型产品领域的产业内贸易而言，通常都是发达国家对发展中国家安排制造环节领域的国际外包活动。所以，这种模型能够科学地阐述跨国公司所开展的垂直型贸易投资行为。然而，它却没有考虑国际要素价格、贸易成本以及技术效率的差别，而且，它的理论模型的相关结论也需要通过实证研究的判断和检验。

从安特拉斯和赫尔普曼（Antras，Helpman，2004）的研究来看，他们以其他视角研究了梅里兹（Melitz，2003）[①] 的方法，而且还导入了企业异质性假设。他们把企业边界和梅里兹所提出的企业生产率的异质性相互结合，而且获得了多种生产组织形式以及多种均衡的相关条件。从均衡状态来看，各个企业都要按照自我的生产率，确定所有权结构以及生产的位置。但是，他们却只研究了静态模型，未能关注企业的生产率可能会在不同生产阶段的变化。安特拉斯（Antras，2005）[②] 吸收了弗农（Vernon，1962）所提出的产品生命周期思想，将其转变为南北贸易研究的动态模型。这种模型借助了哈特和格罗斯曼（Hart，Grossman，1956）的产权分析方法。安特拉斯（Antras）在企业边界导入了非常著名的弗农（Vernon，1966）[③] 产品周期模型，从它的结论来看，表明了在制造环节转移方面，可借助 FDI 出现在企业边界中，然后，就是把制造环节外包转移到南部地区的独立企业中。然而，从这种模型来看，未能关注企业间的不同劳动生产率。安特拉斯和赫尔普曼（Antras，Helpman，2006）以前面的研究为基础，对他们在 2004 年所创作的模型

① Melitz，M，J.（2003），"The Impact of Trade on Intra-Industry Reallocations and Aggregate Industry Productivity，" Econometrica 71，1695 - 1725.

② Antras. P.（2005），"Incomplete Contracts and the Product Cycle，" American Economic Review 95，1054 - 1073.

③ Vernon，R.（1966），"International Investment and International Trade in the Product Cycle，" Quarterly Journal of Economics 80，190 - 207.

进行了拓展，将一些假设条件放宽，不再局限于南方国家，北方国家①也有不完全契约问题。但要注意到，投入品不同或不同的国家契约，不完备的程度也有一定差别。企业自身的劳动生产率和契约的不完备水平，能够在一定程度上影响企业如何选择国际生产组织形式。如果企业的劳动生产率比较高，相对于劳动生产率相对较低的企业，前者更可能会选择实现纵向一体化的那种所有权结构。不完备契约的变化，能够对供应商区位及企业的所有权结构产生重大影响。假如南方国家的法制环境变得更好，而且提升了契约的缔约水平，能够加大跨国公司开展离岸生产的概率，然而，降低国际外包活动和海外直接投资的可能性还是存在的。

三、产业组织视角下的企业边界

产业理论视角不同，对企业边界研究所运用的角度和出发点也各不相同。交易费用理论以市场机制的相关缺陷为基础，研究了企业扩张从纵向边界演进到纵向一体化的重要性。从产业组织理论来看，以市场结构和绩效为基础，讨论了企业在实现纵向边界缩小或扩张时，如何影响竞争和垄断等企业的生产效率和市场结构变化。从产业组织理论来看，相关的企业纵向边界理论涵盖了下列若干方面：

（一）产品生命周期理论

斯蒂格勒（Stigler，1951）将产品生命周期划分为 3 个不同的阶段，即进入期、成长期和衰退期。在产品进入期，所需的要素比较少，而且要素市场非常小，企业不太易于找到相应的供应商，所以具备强烈的意愿开展纵向一体化，从而保证自身要素来源的稳定性，以确保持续提供产品；从产品成长期来看，市场需求不断扩

① 北方国家指发达国家，南方国家指发展中国家。

张，在一定程度上增加了要素的衍生性需求，因此能够将企业吸引到上游市场，很快就增加了上游企业的数量，要素价格不断降低，所以不具备实现纵向一体化的强烈动机；在产品进入衰退期时，市场出现了较快的萎缩，要借助纵向一体化更好地实现规模效益，才能更好地生存下来。这就意味着，在进入期以及衰退期，企业具备开展纵向一体化的强烈动机。

（二）双重加码理论

斯彭格勒（Spengler，1950）认为，在上游厂商、下游厂商都出现了寡占或独占结构的状况下，上游、下游的厂商为确保本企业利润实现最大化，会制约产出，从而增加利润。然而，这样一来，就可能出现较多的边际定价行为，也就出现了双重加码的问题，从而损失了部分消费者。在这种情况下，厂商要借助纵向一体化策略，将双方的对抗力量消除掉，以求增加企业的总体利润，从而以正面影响为社会谋福利。

（三）信息不对称理论

钱德勒、奈特以及艾罗等颇具代表性的西方经济学家，构建以及完善了“市场失灵”和不确定性的企业边界理论。在现实世界中，存在信息不完全的状况，企业的市场需求曲线和平均成本曲线等都会对企业的利润水平产生影响，很难清楚地认识相关因素。所以，企业边界问题是由预期利润最大化决定的。奈特（Knight，1921）将企业出现以及扩张的根本原因，看作是破解不确定性问题。在他看来，“假如不存在不确定性时，每一个人都可能掌握相关势态的所有知识，所有责任管理的属性以及控制生产活动就不具备必要性。”①

① Knight. F. Risk. Uncertainty and Profit. The London School of Ecomomics and Political Science. 1921.

钱德勒（1962）研究了美国企业史，提出了企业强化内部管理以及实现专业化的决策职能，能够减少市场自身的不确定性。在他看来，造成美国现代工商企业不断兴起的更根本原因，是企业内部不断协调专业化以及决策职能，进一步提升了相当数量的分配效率和大规模生产的劳动生产率。在大量生产、分配的状况下，管理协调的生产力要超过市场机制，而且它的产品成本更低。所以，对原本那些由市场进行调节的经济活动来说，慢慢地移入企业内部完成，企业就形成具有较多下属单位、能够执行较多的经济职能的经济组织，而且十分庞大。① 它在较大程度上阐释了 19 世纪后企业不断扩张纵向边界的缘由。

在艾罗（Arrow，1975）看来，假如上游、下游的厂商在信息不对称的情况下，对下游厂商而言，为了提升预测原料价格的准确性，从而决定要素投入量以及提高企业的劳动生产效率，厂商会形成纵向一体化的强烈动机，而且，下游厂商进行整合的数量越多，就会提升他们预测要素的能力。在厂商不断增加纵向一体化行为的过程中，市场就会成为寡占市场。然而，从交易中的上游厂商、下游厂商来看，它们都面临着需求和供给的不确定性问题。从原先的纵向一体化理论来看，它认为上游市场中处在完全竞争中，节省成本是相关厂商开展纵向一体化的主要因素。但是，卡尔顿（Carlton，1979）认为，哪怕要素市场处于完全竞争的状态，最终产品市场也会存在需求的不确定性，因此相关厂商会开展后向纵向一体化，从而保证它们的要素具备稳定性，规避在不确定的环境中作出不正确的决策。

（四）市场力量理论

在克朗吉洛（Colangelo，1995）看来，厂商实行纵向一体化的

① 艾尔弗雷德·D. 钱德勒. 战略与结构：美国工商企业成长的若干篇章. 云南人民出版社，2002 年中译版。

目的在于先行占位（pre-emptive），从而预防自己被水平厂商兼并或合并，提升其独占力。因此，在厂商实行纵向一体化之后，能够增强它们在市场中的独占力，除去关键原料的供应商能够运用前向一体化达到独占产业的目的，或让下游厂商采购或购买上游厂商，从而提升其市场力量，实现了纵向一体化的独占厂商也能够借助差别定价，增强自己的市场力量。

（五）市场壁垒理论

厂商在实现纵向一体化后，就会出现完全市场封杀的效果。对没有实行纵向一体化的厂商来说，它们的要素价格可能会增加。纵向一体化的相关厂商在市场具备了低成本的生产优点，能够对潜在竞争者形成较大的进入障碍（Ordover，Saloner，Salop，1990；Hamilton，Mqasqas，1997）。

第四节　纵向分离相关理论

“纵向分离”是指，破除原有企业在边界演进中的规律和过程。纵向分离的趋势表明，在当代经济中企业战略和产业组织出现了较大的改变，而且还使很多专家学者对纵向分离领域开展研究。学术界目前还没有就纵向分离给出一致的定义。许多学者在他们的论著或论文中以不同内涵来定义纵向分离。例如，吴福象（2005）就把纵向分离看作与纵向一体化相悖的一种过程，重点涉及一部分生产环节，特别是制造环节从原本的一体化企业中逐步分离出来的历程。原先的生产企业依旧开展产品设计和研发活动，担负着市场开发以及营销活动，但却将加工、制造产品的工作从原生产企业分离出来，相关制造企业担负生产制造任务。① 李晓华（2005）认为，

① 吴福象．跨国公司制造业垂直分离理论研究的进展．问题与启示，2005.

垂直解体的过程刚好和垂直一体化相反，它指的是实现了垂直一体化的企业将原本处在企业内部的纵向链条中的生产过程从本企业分离出来，或是剥离处在价值链体系的一些阶段，进而凭借外部供应商，供应自己所需要的相关产品、职能活动或服务支持。①

一、纵向分离产生原因的分析

西方学者以跨国公司是否运用纵向一体化所带来的不同效用为基础，对纵向分离产生的缘由进行了研究。威廉姆斯通过对资产专用性以及交易频率的分析，认为高度专用性产品、多次重复完成的交易，适宜于在企业内部完成。这是因为专用性较高的产品交易的双方，有着强烈的依赖性，如果通过市场交易，处于不利的一方可能会被“要挟”，从而招致交易风险。然而，实行纵向一体化，就会规避此类缺陷。此外，考虑到不断提高的交易频率，它所带来的费用节约超过了企业内制定专门的内部管理机构的相关费用。因此，威廉姆斯（1985）提出了纵向一体化理论的简单模型。企业有规模经济和治理成本，和内部组织相比，市场能够更高效地实现激励，而且还会涉及管理成本。

安特拉斯（Antras，2003）根据企业在生产时投入品的不同，探讨了跨国公司确定纵向发展战略的方式或模式。他参考了需要的研究成果，以此为基础，提出了自己在企业边界方面的产权理论模型，而且还将劳动禀赋和资本的差别引入国际贸易一般均衡垄断模型，与这个模型相结合，产生了新颖的研究方式。安特拉斯利用新式的模型完成了计量研究，结果证明，从资本密集产业来看，其中间投入品（比如化工产品）的生产企业通常会在东道国进行投资设厂，但对劳动密集型产品来说，通常都不会从它们不具备附属关系

① 李晓华．产业组织的垂直解体与网络化．中国工业经济，2005（7）：28－35.

的相关企业进口。① 例如，美国一般情况下都是运用跨国公司内部交易的方式，完成从资本充足的国家进口产品的过程。绝大部分都不在垂直一体化的生产体系内进口，如从资本稀缺的国家完成进口任务。大部分都运用直接购买的手段，如美国都是直接从埃及进口。他基于此下结论：对那些资本密集型的生产最终产品的部门来说，一般都愿意运用垂直一体化形式，但是，对属于劳动密集型的生产最终产品，它们易于被转让出来。从生产中间投入品所需要的资金密集程度来看，能够极大地影响企业决定是否运用垂直一体化方式。基于以上分析，这种模型提出对存在着交易联系的两个国家而言，出口国的资本—劳动比出现了上升趋势，进口国借助企业的组织体系完成交易的比例会增加。

格罗斯曼和赫尔普曼（Grossman，Helpman，2004），借助激励约束理论比较了非纵向一体化以及垂直一体化的企业组织形式。② 从他们的研究来看，假如委托人可以从代理者得到生产经营需要的中间投入品，他就能够运用自给自足的生产方案。在企业组织体系内部，如果运用垂直一体化，就能够完全监督关键的生产环节。然而，假如代理者是具有独立性的缔约方，将不能有效地监督它所担负的任务。因此，也就不能保证生产所需的中间投入品的供应问题。但是，如果出现不能正常生产的现象，按照合约的生产理念，受包方企业将会承担前期成本，然而，如果企业组织内部运用了垂直一体化，就没有办法让它们的管理者担负此类成本。所以，如果市场存在不同竞争条件下，有效的监督及在合约生产中有效的激励能够成为跨国公司在作出决策过程中仔细衡量的要素。跨国公司转变经营战略，也是企业管理层评价客观环境的相关结果。

还有不少学者研究了市场中的密集程度，如麦克拉伦在 2000

---

① Antras. Pol Firms，Contracts and Trade Structure. Quarterly Journal of Economics，2003（118）：1375 –1418.

② Grossman，Gene M. and Elhanan Helpman. Managerial Incentives and International Organization of Production. Journal of International Economics 2004，（63）：237 –262.

年就借助相关模型证实，市场密集度能够在一定程度上影响跨国公司在竞争战略方面的选择。[①] 在他看来，对独立供应商而言，假如市场密集度比较高，可能指的是更有可能发现适当的外部购买者。从垂直一体化的生产方式来看，肯定会降低实行非一体化的企业数目，所以，假如市场条件有着较高的密集度，那么，可能会在规模更大的产业或经济体中进行合约生产。除此之外，发展国际贸易，能够运用实行非一体化的企业数目。从此处来看，贸易可能会进一步集中市场，而且扩增参加贸易的各方的福利。和麦克拉伦所运用的方法有所差异，格罗斯曼和赫尔普曼（Grossman，Helpman，2002）运用一般均衡垄断竞争模型，对企业合约生产以及垂直一体化生产的选择进行了研究，然而，却总结出了和麦克拉伦非常相似的结论：假如市场的密集度日益升高，那么，企业就越来越趋向于运用合约生产的方式，而非纵向一体化。[②] 从此处作出引申能够看到，纵向分离是目前跨国公司最流行的经营战略，这是由于经济在持续发展，尤其是经济全球化的迅猛发展，使得相关国家及地区极大地提升了市场密集度的发展水平。

也有不少研究者研究了企业的内部状况，在他们看来，企业的劳动生产率水平能够极大地影响企业在实现垂直生产体系方面的相关结构。和合约生产进行比较可以看出，垂直一体化生产需要的固定成本更高；然而，和后者相比，前者的灵活性更大，所以在二者之间，必须要进行一定的权衡或存在相应的替代关系，如果企业的生产率非常高，才能担负高额的固定成本，而且获益于垂直一体化的发展过程；但是，如果企业的生产率非常低，就没有能力担负和垂直一体化同样的高固定成本，因此，合约生产方式是更好的选择。从斯潘塞和邱（Spencer，Qiu，2001）及所进行的研究来看，

---

① Me Laren，J. Globalization and Vertical Structure. American Economic Review，2000，(90)：1239－1254.

② Grossman，Gene M.，Helpman. Elhanan. Integration versus Outsourcing in Industry Equilibrium. Quarterly Journal of Economics，2002，117（1）：85－120.

研究了涵盖南方以及北方等发展程度不一的厂商的相关产品周期模型，而且，提出北方国家的相关厂商总是愿意把生产初级阶段产品外包给工资水平较低的南方国家的相关厂商。但是，前者却生产了最终产品，而且能够在全球市场中进行销售。考虑到合约生产能够减少发达国家相关企业所需要的生产成本，进一步加大利润，所以，对那些有着较高生产率的投资者来说，通常都会在本国生产非常关键的零部件，但将那些非关键的部件以合约生产的方式外包给外部供应商。从芬斯特拉和斯潘塞（Feenstra，Spencer，2005）的研究来看，比较了借助不完全合约方法实现特定零部件的定制，以及从现货市场中购买一般零部件这两类方式的优点和缺点，而且还总结出相关结论：和已投资生产特定投入品的供给者在议价过程以及博弈过程中，最终产品生产者通常会从外部供应中获得一般零部件。①

管理学的相关研究者，更为关注培养企业的核心能力对企业发展所形成的影响。在哈默尔和普拉哈拉德（Hamel，Prahalad，1990）看来，企业所具备的价值创造体系以及核心能力组合的相关状况，能够在很大程度上决定企业的竞争优势。从雷夫（Reve，2004）的研究来看，文章区别了企业的互补技巧和核心技巧。② 核心技巧指的是，存在着显著、唯一、独特的相关资源，企业内部应该完成和核心技巧有关的业务活动。然而，从互补性技巧来看，假如它在企业中的地位非常关键，或者具备战略性作用，要借助合作方式（联盟以及外部寻源）完成，这样能够降低生产成本以及提升交易质量；假如重要性比较小，能够从市场中采购而得到。此外，企业的核心技巧是动态变化的，伴随着时间推移和企业在经验曲线方面出现了相应的变化，可以借助市场、外包以及战略联盟等多种

① Feenstra，Robert C. and Barbara J. Spencer. Contractual versus Generic Outsourcing: The Role of Proximity. mimeo，University of British Columbia，2005.

② Henrik Brandes. Strategic Changes in Purchasing. European Journal of Purchasing and Supply Management，1994（2）：79.

方式，获得所需要的产品或服务。

与国外丰富多彩的研究比较，可以看出国内学术界在研究跨国公司的发展战略所出现的新变化方面，有着强烈的实践取向，很少分析纵向分离理论，通常都是在研究这种变化如何影响中国经济及相关单位需要采取的相应措施。

程进（2005）对纵向分离和原本运用投资产生了纵向一体化在制度安排方面的相关差异进行了研究。① 从他的研究来看，纵向分离指的是，在通信技术不断发展、企业持续降低搜寻成本、跨国公司稳步增强自身的协调能力，跨国公司把自身命运竞争优势的相关环节实行了分包政策，这样就产生了非投资的异地化生产态势。在他看来，网络技术获得了较快的发展，企业借助自身的网络平台，摆脱了时空束缚，使得数以万计的厂商通过互联网交易，不断扩大交易范围、持续减少交易成本、日益深化分工态势、新近涌现的中间品贸易。这些跨国公司运用 FDI，在有着各种区位优势的国家开展纵向一体化生产。跨国公司进一步压缩自身网络，借助外包活动，和东道国的相关企业搭建了长时间供应合同的相关组织模式。所以，跨国公司能够借助纵向分离，更好地将自身资产集中在相关的高收益环节。对发展中国家来说，如果获得了对出口加工企业的所有权，就会提升自己的努力程度，也会对跨国公司提供较为有利的条件。从此处可以看出，纵向分离也是跨国公司组织本企业进行生产活动的最好方法。②

王丰（2005）研究了纵向分离的内在含义，形成和不断发展的外部因素及其实现模式，而且还为“长三角”地区提出了怎么才能更好地破解垂直专业化所带来的分工趋势。③ 在他看来，纵向分离指的是，某种商品的生产过程被划分为若干个持续的生产阶段，而且各个国家只从事特定阶段的专业化、高水平生产活动，因此不但

---

① 程进．对国际分工垂直分离化交易安排的制度分析．国际经贸探索，2005（2）．
② 程进．对国际分工垂直交易安排的制度分析．国际经贸探索，2005（4）．
③ 王丰．论生产全球化的新趋势——垂直专业化．江苏商论，2005（5）．

增加了中间产品贸易，而且产生了超越国界的垂直贸易链条。从生产价值链来看，各环节都出现了专业化程度非常高的技术，对某家企业而言，要想在全部环节都具有领先优势是根本不可能的，公司也将自身业务紧紧地围绕着最大优势的核心环节方面，部分企业甚至把所有产品的生产活动都实现了外包（外包给外国企业），自己仅仅处理全球营销以及品牌管理活动。从跨国公司在纵向分离的深入发展来看，越来越影响东道国在要素价格、人才流动、生产体系、产品质量、贸易模式以及产业竞争力等领域。从“长三角”地区来看，要尽可能使自身的产品实现全球销售以及从全球采购原材料，融入国际外包的生产体系中去，更好地在跨国公司的生产链条中发展和壮大自己。

高茜和马扬（2004）研究了不同行业中的纵向分离实践。在他们看来，跨国公司所制定和执行的战略与行业特质存在着相关性。[①] 例如，许多竞争十分激烈的行业，都是有着较为突出的纵向分离的，如汽车、计算机以及医药行业，它们有着较强的专业性以及技术性特征等。然而，并非任何行业都适宜于运用纵向分离策略，如炼油、钢铁、造纸、造船以及纸浆等行业，难以与供应商开展生产过程的相关合作。由于此类行业有着较低的技术可分性、较为集中的原料来源等特性，所以，此类行业如采取纵向分离策略，可能会增加储存和运输成本。除此之外，他们还认为纵向分离虽然可能会提升企业在不确定性需求方面的迅速反应能力，但是，减少对系统的控制性也是可能的，从而降低了产品的总体性能。

郝媛（2006）研究了纵向分离的原因、内涵以及影响。在她看来，跨国公司借助实行纵向分离措施能够以自身控制的价值增值环节，强化自身相对优势的领域或核心业务，能够在较大程度上增强它们的经营能力和竞争力，更好地巩固企业的市场地位，强化自身

① 高茜，马扬．跨国公司垂直逆一体化．中国外资，2004（7）．

的生存能力，从而得到高额的利润。[①] 能够顺利地实施纵向分离策略的相关企业，都是在此种目的驱动下达到预期目标和效果的。然而，也可能会带来部分副产品，如外包能够潜在地损坏企业产品的总体性能，或者过度地依靠供应商，从而导致本企业的技术衰退问题等。

孙斌艺在其博士论文中，对跨国公司所受到的垂直约束问题进行了研究。垂直约束，亦称准一体化契约，指的是处在垂直关系中不同环节的诸多厂商间，借助签订内涵丰富的长时间契约，对相互间的交易关系进行安排和协调。在他看来，厂商能够开展垂直约束，和垂直一体化有相似的原因，重点涵盖了下游厂商之间所产生的破坏性、上游厂商间所形成的“搭便车”效应、破坏性、分销的规模经济效应等。“存在这些因素的情况下，假如不能实行垂直一体化或需要更高的成本，要想实施垂直约束，就会颇具吸引力。”[②]

二、纵向分离具体形式的分析

西方学者以分析具体形式问题为基础，研究了产生纵向分离的原因。从跨国公司来讲，它在把处于垂直生产链条的一些环节转移到其他企业的过程中，通常情况下会运用分包形式，这也是它们实行纵向分离战略的最具有代表意义的形式之一。

蒙哈德（Mollgaard，2002），探讨了跨国公司在签署分包契约过程中运用排他性条款，进而确保技术转移的相关理论进行了研究。[③] 在他看来，实施分包过程中，假如技术转移朝着供应链上端移动，排他性条款不但能够确保下游厂商的技术性投资，而且也能够保证上游厂商适应此种技术而开展的专用性投资，这样一来，买

① 郝媛．跨国公司纵向逆一体化趋势的理论与现实．国际贸易问题，2001（11）.

② 孙斌艺．跨国公司垂直约束理论研究．华东师范大学博士学位论文，2004.

③ Mollgaard，Peter，H. Exclusive Safeguards and Technology Transfer：Subcontracting Agreements in Eastern Europe's Car Component Industry，Working Paper，2002：18.

卖双方都能够受惠于且受制于这种分包契约。在此过程中，蒙哈德也得出结论，排他性契约会潜在地造成上游厂商、下游厂商创造、滥用相应的市场势力。例如，对供应链的其他竞争对手进行排斥或打击，从而形成市场分割等。所以，某个国家的“完善自身的知识产权保护机制”，以及“有效竞争规则的供给”是至关重要的。

在跨国公司生产经营形式中，特许经营是常见的交易形式之一，学术界也非常关心它的特征。在凯文（Kevin，1997）看来，需要把特许经营契约当作企业独特的制度安排，也属于中间组织存在形式，因为这种治理结构能够最有效地促进品牌价值的增加和保护，然而，它也可能会存在“搭便车”现象。①

近年来，学术界较为注重研究“战略联盟”。从多种文献来看，探讨了水平层次的战略联盟，但却较少关注垂直型战略联盟。春日（Kasuga，1999）在研究国际商务合同中各种战略联盟的相关形式的存在条件问题时，运用了不完全契约理论。② 春日把垂直一体化当作比较和分析跨国公司选择厂商间或厂商内交易的参照点。在他看来，假如交易成本较低，厂商内交易潜在地减少了中间投入品的相关成本，然而可能要面临企业组织失灵的问题。所以，以不完全契约理论为研究基点，激励分包能够很好地破解竞争性厂商之间的合作性契约安排。春日按照跨国公司与它们的供应商及跨国公司之间的关系，将它们的垂直战略联盟形式分成了原厂委托制造企业（OEM）、合资合作企业、交叉许可及分包等。

国内学者在研究跨国公司实现纵向分离形式的过程中，较多地关注能够极大地影响中国发展的外包形式，但却较少关注跨国公司的跨国许可、纵向战略联盟以及特许经营等形式。

---

① Kevin Wainwright. Franchising，The first draft of this article was prepared as a discussion paper foe a meeting on vertical restraints and mergers at the bureau of Competition Policy，Ottawa，Ontario in 1997.

② Kasuga，Hidefumi，International Business Alliances：A Incomplet Contract Approach，Japan and the World Economy，1999（11）：497－515.

以实际需要为基础，国内学者研究了跨国公司实行纵向分离策略的具体形式，非常关注跨国外包以及纵向战略联盟。王淑云（2004）构建了以核心能力为基础的业务外包模型，认为业务外包通常存在于跨国公司整个生产过程之内，尤其是在不断提升业务外包中的知识含量和技术水平的情况下，管理能力以及外包决策业已变成企业在能力领域的核心部分。① 根据核心能力的相关理论，企业要将自身有限的相关资源运用在核心能力方面，让外部组织担负自己所未能具备的核心能力业务。物流外包就是企业为了增强自身的核心能力，提升竞争优势而实行的战略决策。陈菲（2007）运用实地访谈以及问卷调查等实证研究方法，对企业在服务外包方面的对象、动因及其对跨国公司的绩效所产生的影响等，全面地阐释了企业服务外包的内部发展机制问题。② 张玉柯等（2006）研究了处在经济全球化背景下的跨国公司发生离岸外包的源头和基础，认为贸易自由化、技术革命和产品内分工使得这些企业作出了离岸外包的选择。③ 王爱虎和钟雨晨（2006）对在华跨国外包容量进行了近似计算，而且识别了跨国公司实行跨国外包的相关动因，在此基础上，构建了能够进一步对跨国外包产生吸引力的环境评价体系，而且运用该评价体系从纵向以及横向的定量分析角度，研究了中国的三大经济圈的九省市的内部结构，而且辅以有针对性的政策措施和建议。④

江若尘（2001）论述了处在产业链条中的上游、下游垄断企业开展纵向一体化战略联盟的重要意义。在此基础上，阐述了企业实施纵向一体战略联盟的相关内容，而且量化分析了实施纵向一体化

---

① 王淑云．物流外包成本的决定要素及企业的战略选择．经济问题探索，2004（7）．

② 陈菲．服务外包动因、对象及企业绩效之互动关系研究．经济师，2007（1）．

③ 张玉柯，李玉红和徐永利．跨国公司离岸外包成因分析．河北大学学报（哲学社会科学版），2006（6）．

④ 王爱虎，钟雨晨．中国吸引跨国外包的经济环境和政策研究，经济研究，2006（8）．

战略联盟的跨国公司的绩效，认为要对大跨国公司对于中国产业链条可能的主宰现象予以警示。① 曾楚宏和林丹明（2004）则根据博弈论、竞争战略、中间组织以及资源基础等相关理论角度，解释了企业构建战略联盟的相关动因。② 里昕和揭筱纹（2007）研究了影响以产业链战略联盟伙伴为基础的跨国公司在选择过程中的相关因素，他们还认为，在选择联盟伙伴的过程中，要分析和把握产业生态链所带来的利益格局等。③ 张卫国等（2006）将一体化法律费用、契约变量成本和相关的内部成本与外显成本考虑进来，建立了柯布—道格拉斯生产函数以及成本函数。他是以技术研发为产出，对成本和技术获取之间的相关关系进行了研究，分析了企业在扩展边界的过程中，可能会借助内部一体化和非股权战略联盟方式的代价差异。④ 唐睿（2006）研究了跨国公司从原本的国际并购战略，到后来落实战略联盟的相关问题，而且总结了它们在国际经营战略领域的发展历程和前景，很好地研究了它们在战略选择方面的原因与特点。⑤

三、纵向分离模式的制度安排

从资源配置的角度来看，“交易是货物或服务在两个技术上可分离的单位之间的转移”。⑥ 是什么因素决定了外包决策者在实现技术单位 A 的产品向技术单位 B 的产品转移时是采取市场交易方

---

① 江若尘．论纵向一体战略联盟．财贸研究，2001（2）.

② 曾楚宏，林丹明．对企业建立战略联盟的理论解释．科研管理，2004（2）.

③ 里昕，揭筱纹．基于产业链的企业纵向战略联盟伙伴的选择．生产力研究，2007（3）.

④ 张卫国，陈学梅和陈宇．关于非股权战略联盟边界问题的探讨．科技进步与对策，2006（4）.

⑤ 唐睿．从国际并购到战略联盟——关于跨国公司国际经营战略选择的探讨．黑龙江对外经贸，2005（11）.

⑥ 奥利弗·威廉姆森．交易费用经济学讲座．经济工作者学习资料，1987（50）：16.

式，还是采取企业内交易方式呢？是选择专业化的方式，还是选择一体化的方式？又是什么因素导致了市场范围扩张于前、分工发展于后呢？所有这些答案，都取决于交易成本。如前所述，新古典经济学企业理论把企业单纯地看成一个追求利润最大化或价值最大化的经济实体，而没有对企业内部的运作情况加以考察。针对新古典经济理论的缺陷，科斯（Coase，1937）发表《企业的性质》引入了交易成本的概念。他认为，市场可以借助价格调节来实现资源的配置和优化，但是从企业内部来看，是通过企业组织中的权威实现资源配置的。企业使用科层组织的一定成本，代替资源在市场中的分散交易所要用的交易成本，恰恰通过对二者进行比较，企业家们能够更好地确定在市场上和企业内应该分别开展哪些活动。在沉寂了相当长一段时间后，阿罗（Arrow，1969）、张五常（1983）、威廉姆森（Williamson，1975，1985）、克莱因（Klein）、克劳福德（Crawford）、阿尔奇安（Alchian）和德姆塞茨（Demsetz）等，对其观点进行了继承和发展。艾罗赞成科斯（Coase）的概念，而且将“运用经济制度的成本”称为交易成本。威廉姆森分析了主观的人性要素以及客观的环境要素，将交易成本具体划分为事前交易成本和事后交易成本，而且还认为它是“经济学中的摩擦力”。张五常将鲁滨孙经济中那些不能想象的所有费用当作交易成本，这样一来，“交易成本被看成是诸多界定和控制产权、制度成本，涵盖了信息、谈判、制度结构变化、拟定和实施契约、监督管理等所需要的成本等”。也就是说，和人们打交道所需要的成本。综上所述，此类不同的交易成本，能够表现出经济学家在研究具体问题过程中的研究视角、导向及理论倾向。①

从另一个角度看，随着国际分工的发展，资产专用性和“套牢”风险会不断增强，同时带来了交易成本的增加。根据威廉姆森（Wlliamson，1996）的概述，资产专用性是指，在没有浪费生产价

① 吴意云，史晋川．交易成本论．浙江社会科学，2003（5）：41.

值的情况下，资产具有多种用途，再加上各种使用者的利用水平，和“沉没成本”的定义有密切关系。但是，只有在不完备的缔约过程中，资产专用性的众多组织分支才看得清楚。[①] 出现资产专用性，能够在一定程度上约束买卖双方。从卖方来看，假如买方中断了这笔交易，那就意味着卖方为促成专用性资产所进行的投资被浪费了；对买方而言，假如卖方中止了交易，买方不得不找到其他无专用性投资的供给来源，降低了生产效率，增加了进货成本。跨境交易的中间产品生产，尤其是定制部件的生产，往往需要专用性的资产。资产专用性较高或交易环境较差，都将导致交易成本的增加，反过来抑制专业化发展，从而影响外包业务的拓展。因此，资产专用性越强，国际经济交易中愈加运用一体化方式，也就是自己借助垂直 FDI，构建子公司开展生产；资产专用性越弱，越可能运用非一体化的外包方式等。

格罗斯曼和赫尔普曼（Grossman，Helpman，2002，2003a），以跨境外包作为产品内国际分工的主要形式，考察了由此产生的交易成本。当产生外包的交易成本范围确定之后，产生纵向分离的交易成本范围也就随之确定。产生跨境外包交易的成本整体上涵盖了以下两方面：其一，是探寻合作者所需要的成本；其二，是谈判签约所需要的成本。在搜寻目标通过设计最终产品的技术锁定以后，首先，需要明确在哪个国家或哪个市场进行，因而搜寻的问题在一定意义上相当于选址问题。影响搜寻成本的因素主要包括：（1）市场的厚度，即从事这些部件产品生产的企业数目。在其他条件不变的情况下，最终产品生产者通常会倾向于选择“厚”市场范围内的合作者，这是由于该范围内有相当多的企业数目。它能够让最终产品生产者很好地找到具备专用性资产而且掌握着相关技术的对应部件生产者。此外，现有的生产专用性资产的相关技术与需要定制的

① 奥利弗·威廉姆森．经济组织的逻辑//陈郁编．企业制度与市场组织——交易费用经济学文选．上海人民出版社、上海三联书店，1996：70.

产品需求有较小的差异，部件生产者更加倾向于投资，从而把部件完善到可以吻合最终产品生产者所要求的程度。(2) 搜寻的技术和强度。假如部件生产者相关专用性资产所具备的生产能力和最终产品生产者对这种生产能力所提出的要求，被看作位于产品特征空间的话，最终产品生产者总是偏好距离自己最近的部件生产者作为合作伙伴。这就是交易成本与外包模式的关系，也是企业边界与纵向分离的内在联系。因此，交易成本对外包业务发展的影响至关重要。

诺思（North，1990）是新制度经济学派的代表性人物，他以历史演变的维度为基础，从制度角度研究了相关课题，很好地开拓了理论应用的范围和空间。杨小凯和张永生（2000）试图筹建超边际分析方法，从而使得制度内生化，而且要借助专业化经济与交易成本之间冲突的相应折中，进而将国际贸易和国内贸易输入系统的分析框架中。上述研究表明，只有把某国的制度绩效系统地将它的人口规模、要素禀赋、区位优势以及技术条件等传统变量相互结合，才能更好地刻画出复杂多变的国际投资行为和贸易现象。换句话说，中国沿海地区的相关出口企业正在经历高速扩张的国际代工态势，虽然有着比较优势的内生推动影响，然而也表现出在经济发展过程中体制背景和制度安排的深度内涵。当前，中国正处在经济转型阶段，市场机制需要进一步健全，市场体系亟待完善，体制需要制度创新，只有这样才能切实提升相关企业在国际市场中的竞争力。所以，制度创新会提高交易效率，有助于经济腾飞。它能够进一步实现人力资本的良性积累，优化相关企业的组织结构，切实发挥政府的引导作用，从而显示出隐性的比较优势，创造有利于中国的国际竞争优势。

四、纵向分离与国际贸易发展

学者们主要从两个层面研究这个问题，跨国公司实施纵向分离后，对贸易总量所产生的影响，以及跨国公司实施了纵向分离后，对其他国家的贸易利益所带来的影响。胡梅尔斯（Hummels，1998）等所开展的讨论，证明了跨国公司在生产体系的专业化、分离化和国际贸易增加之间的相关关系。上述研究说明，在以往的二三十年中，纵向分离为总出口增长作出了超过1/3的贡献率，包括化工、机械等有着较大出口增长贡献的行业，这些也是跨国公司开展垂直贸易得到较快增加的行业。[①] 易（Yi，2003）以石井和易（Ishii Yi，1997）的研究为基点，构建了和跨国公司实施纵向分离的两国动态的李嘉图模型，在此基础上，模拟分析了关税减让的效果，从这种模型来看，能够阐释超过50%的贸易增长。[②]

高越和高峰（2005）等提出，跨国公司转变自身战略，能够降低贸易摩擦，从而增加国际贸易量。[③] 在经济全球化背景下，进口中间产品、加工再出口以及在海外加工然后实行直接转口，会成为相关国家的企业在生产、对外贸易中广泛运用的形式。从传统意义来分析，全部由某个国家生产的纯粹（本国所产产品）的一般性贸易出口将会日益减少，会出现日益增大的中间产品贸易规模。从此种分工条件来看，考虑到多个国家参加了产品生产的过程，而且它们依赖这种国际分工，相互间存在着一定的利益联系，能够更好地降低贸易摩擦。还有不少国家关心处在国际分工中的本国企业的切实利益，通常会使已出现或将出现的贸易摩擦“偃旗息鼓”。刘志彪和吴福象（2005）对全球经济范围内的贸易一体化进行了计量分析，对国内和“长三角”的Granger因果进行检验，这些都说明，出口专业化以及生产非一体化成为贸易一体化的有力理由。[④]

---

① Hummels，D.；Rapport，D. and Yi，K. Vertical specialization an the Changing Nature of World Trade. Federal Reserve Bank of New York Economic Policy Review，1998（4）79－99.

② Yi，Kei－Mu. Can Vertical Specialization Explain the Growth of World Trade?. Journal of Political Economy，2003（111）：52－102.

③ 高越，高峰．垂直专业化分工及我国的分工地位．国际贸易问题，2005（3）.

④ 刘志彪，吴福象．经济全球化中贸易一体化及其效应的实证研究．产业经济评论，2005（2）.

在研究跨国公司实行纵向分离能够在多大程度上影响各个国家的贸易利益时，孙文远（2006）论述了它能够使得国际贸易中显示出更加突出的动态利益。① 考虑到跨国公司自身的作用和全球性资源流动等要素的巨大影响，某国所出口的商品并非都属于“本国企业”生产。从出口企业来看，可能只获得对外贸易中数量极少的加工费。哪怕是此类极低的加工收入，通常不是这些出口国独享的，跨国公司的分支机构能够把此类出口利润从东道国汇出，这样一来，发展中国家从加工贸易中能够得到的直接利益就会极大地减少。从开普林斯基（Kaplinsky，1993）的分析来看，在研究国际分工格局问题时获得了非常接近的结论。② 他认为，产业可分性在逐步强化，发展中国家和发达国家间慢慢地产生了在产业内、产品生产链条中相应的分工态势，将附加值较低的简单加工以及组装等流程转移到了后者。从跨国公司来看，产业组织模式从垂直一体化逐步转变为网络化方向和纵向分离方向，而且强化了此类不合理的分工态势。从新分工格局来看，无论是发展中国家的某些企业还是某个地区，或者是发展中国家群体，它们得以生存的前提和基础日益弱化，持续地降低了抵御经济发展风险的意识和能力。假如不能恰当应对，可能会在成本更低、质量更高的竞争对手面前出现快速衰退，这也对广大发展中国家融入不断发展的国际分工中更好地获得相应利益带来非常大的挑战。

从上文分析来看，在研究纵向企业边界的过程中，主要围绕“纵向一体化”进行，而且从不同的角度提供研究成果和现实素材。但是，对“纵向分离”的研究却很少，因此，企业边界理论有待于通过纵向分离的视角进行拓展讨论。从中国实行改革开放来看经济得到了快速发展，外国技术和资本也持续地被引入进来，国内在产权结构和产业结构方面有较大的变化。从当前的经济全球化趋势来

① 孙文远. 产品内分工刍议. 国际贸易问题，2006（6）.

② Kaplinsky R. Export Processing Zones in the Dominican Republic：Transforming into Commodities. World Development，1993（22）：3.

看，我们还要认真地从纵向企业边界理论的发展历程开展相应的研究。例如，纵向企业边界的相关变动和产业集聚、产业组织演化以及纵向分离之间的关系等，都需要进一步研究。随着国际企业垂直专业化的深入，纵向分离的演变将会超出某个地区和某个国家，全球范围内将会出现更加细化的企业专业化分工。所以，企业纵向边界的相应改变，不但和企业的发展与成长有密切关系，还会极大地影响地区间、产业间以及国家间的关系。从此处来看，受到经济全球化快速发展的巨大影响，对纵向分离条件下企业纵向边界进行研究具有十分重要的意义，也是十分迫切的问题。

新古典经济学提出了企业“黑箱”理论，现代企业理论深入地研究了企业的纵向边界以及性质。传统贸易理论的研究出发点是国家，但是从新贸易理论来看，最基本的研究单位是“企业”。新经济地理学在较早时期非常关注产业集聚，最近，也开始研究跨国公司在区位选择方面的相关问题。从企业同质性假设开始，到异质性假设的理论模型，此类理论得到了较快的演进和发展。现今，从宏观视角转入微观视角，研究对象也从原先的国家、产业和部门改变为研究企业（或相应的经济组织）自身，企业作出的组织选择，也被看作是世界经济出现一定变化的中心因素（Helpman，2006）。① 从研究来看，逻辑起点也在发生变化，从生产成本、要素禀赋到规模报酬，再到不完全竞争以及产品差异，最后研究了企业差异、治理结构以及信息成本等相关要素。从研究的相关路线来看，从最终产品所体现的产业间贸易、中间产品所要求的产业内贸易、跨国公司所开展的企业内贸易，都在逐步细化，达到了产品内处在不同生产区段领域的空间离散及效率边界方面的内生确定。由此可见，理论研究的演进与融合，已经形成一个系统化、模型化和主流化的研究企业行为的综合理论体系。分析经济学的本来含义，新贸易理

① Helpman and Antras “Contractual Frictions and Global Sourcing”, NBER Working Papers, No. 12747, 2006.

论、企业纵向边界理论以及新经济地理学理论，都在分析企业决策行为方面存在着同样的逻辑基准。从最终的理论演进方向来看，就是要把企业不同的生产方式以及不同的交易方式相互统一，并从微观层面融合贸易、企业以及新经济地理学等相关理论，这样才能更好地把握处在经济全球化背景下企业如何决策和选择的重要问题。比如，从 20 世纪 90 年代开始，国贸理论不仅很好地找到了企业理论这个分析工具，而且有效地融合了跨国企业的贸易投资理论以及企业边界理论，很好地表明了企业网络化生产组织以及内部交易的深层次机理，能够重点研究贸易理论转入对公司的交易效率、运作环境以及控制权配置等诸多关键内容。从产业内贸易理论与新经济地理学相关模型的结合来看，也为人们探讨企业在跨国生产过程中的福利效应和区位选择提供了有力而准确的分析框架。引入了企业异质性，能够更好地将微观企业的具体特征和它们的行为与宏观层面的国际贸易形势相互融合，从而为国际贸易理论打下坚实的微观认识基础。从本书研究来看，也遵照这种理论相互结合的趋势，研究了处在全球化背景中的具有异质性特征的企业的决策行为，借助各种理论分析工具实现拓展和创新，从而为研究企业的贸易、生产以及区位选择等行为辅以新的思路。

就企业纵向边界、新经济地理学以及国际贸易等相关理论而言，尤其针对能够统一解释跨国企业的贸易、生产以及区位选择等方面的理论，可能会受制于时代或形势发展的制约。这些经济学理论在持续不断地运用新的技术、分析工具以及方法，这也对全球经济持续发展和演进提出了更高的研究标准。因此，能够极大地助推理论的进步和发展，经济学家们在力图探索真实世界的过程中，更多地努力发现和现实更加吻合的研究思想和设计思路，而且极大地扩展了理论研究的宝库，从而能够更好地解释当前经济全球化态势中的诸多新现象，还能够很好地解答企业的决策行为。从新贸易理论来看，尽管获得了非常关键的进展，在一定程度上实现了国际贸易领域的发展和创新，然而依旧存在不少缺陷和问题，亟待进行更加深入的探讨和研究。首先，当前的新贸易理论在诸多问题的研究体系显得非常发散，不具备统一清晰的理论脉络和分析框架，有待于进一步推进理论模型的一般化。其次，新贸易理论在研究企业组织，尤其是跨国公司方面，重点是从发达国家角度探讨跨国企业对外直接投资、国际生产网络以及国际外包等，基本上没有文献研究发展中国家的企业怎样才能借助承接外包业务，更好地增强本国企业在国际市场中的竞争力问题。所以，从此种理论来看，没有深入地把握发展中国家如何通过参加国际分工体系，从而增强经济增长动力的深层次机理。还有，对发展中国家的企业而言，在承接外包业务的过程中如何更好地完成产业的升级问题。最后，从处理模型技术方面分析，没有真正解决均衡的稳定性以及多重均衡问题，也非常缺乏以实证方式检验相关理论模型的假说和结论的正确性。

第三章

跨国公司垂直一体化与垂直专业化的演进

跨国公司从对外直接投资开始，它们的经营战略历经了下面四个各不相同的发展阶段：

1. 子公司发展阶段

第二次世界大战前，跨国公司的经营战略，就是在东道国独立地操作子公司，子公司的管理体制、组织形式受母公司的影响，但子公司在东道国相对独立的目标市场上开展经营，具有较大的自主权。母公司对子公司的联系方式为所有权控制。

2. 简单一体化发展阶段

第二次世界大战以后至20世纪60年代，跨国公司经营战略最为显而易见的特点，就是母公司要从外部寻求相关资源，使得东道国所具备的区位优势成为跨国公司自身所拥有的经营优势，并将东道国生产纳入母公司国际化生产体系中的重要组成部分。因此，此时的子公司生产的产品，是母公司产品链的重要环节。

3. 复合一体化发展阶段

20世纪七八十年代，跨国公司转变了自己的国际营销战略，即从为当地市场服务转变到适应国际市场的需求，并借助规模较大的并购活动在全球各个区位扩大产业价值链。这样，就能够更好地运用专业化分工的巨大优势，满足国际市场的需要，尽可能地占领国际市场的领先位置，最大限度地完成本企业整体战略的区位（国家和地区）。在此基础上，形成了相当数量的企业集团。它们不仅有着极大的规模，而且市场竞争力也非常强大，但也使得部分企业不恰当地拉长了生产环节，从而降低了整体绩效。

4. 纵向分离战略新阶段（垂直专业化）

从20世纪90年代中期开始，特别是进入21世纪以来，许多跨国公司反思了垂直一体化营运模式，重新定位了企业边界，这就引发了跨国公司第四次调整战略浪潮的到来，从而出现纵向垂直专业化。从当前来看，已经在全球范围内推广了此种新的趋势，如比某些著名的跨国公司，借助对非核心业务部门和机构的撤销和出售，重组自身的资产和人员，调整企业的发展方向。例如，某些企业，借助收购有关企业，增强了本企业主要业务的市场竞争能力。从大多数跨国公司来看，它们推行了灵活多变的外包业务。与20世纪比较，企业间极大地减少了混合兼并，而且降低了过去被看作理所当然的纵向合并。更多的企业非常强调利用外部资源，将过去纵向结合起来的大企业，根据不同的生产环节将它们分开，从而注重与竞争对手进行营销和生产的合作。

第一节 跨国公司垂直专业化发展现状分析

对跨国公司而言，究竟应该是自己生产，或从外部市场购置所需要的企业中间投入品，或更为详细地讲，应该自制什么产品，或外购比例应该占多少才比较恰当，这些问题是制度学派和产权学派一直存在分歧的地方。根据经济运行的实际状况分析，从20世纪来看，国际制造业一直都选择纵向一体化作为自身主要的运行方向。然而，在新科技革命的快速发展和经济全球化的强力助推之下，从20世纪90年代开始，尤其是在发生了多次全球范围的国际金融危机后，跨国公司也极大地转变了自身的经营战略。不少巨型企业通过改变那种在企业内部集中上游、下游生产链条的传统方式，加速了非核心业务的剥离，逐步产生了区别于投资异地化的生产模式，即跨国公司生产链条的纵向分离。从 20 世纪末期以来，企业所面临的发展环境出现了复杂的变化。从当前来看，重点体现在以下方面，即半成品模块的营销代替了标准化零部件的营销，产品升级换代加速，生命周期缩短。从当前新形势来看，为了更好地提升企业在经营过程中的主动性和灵活性，不少产业的跨国企业，如汽车、电子以及通信等，在积极地协调和优化产业链条，将较低利润的相关环节转移外包，跨国公司主要钻研本企业最有比较优势的领域和环节。跨国公司作为经济发展的新现象之一，生产链条的纵向分离化开始出现。OECE 编制了从 1995 ~2009 年 4 个版本的投入产出相关数据，将其分别代入 EVSS 表达式，就能够定量分析纵向分离的相关情况。近年来，国际产品链的发展以及变动，在以下四个方面的特征是显而易见的。

（1）跨国公司垂直产品链出现纵向分离化。从国际经合组织提供的数据来看，跨国公司进入 21 世纪以来调整了产业结构，纵向分离化态势已成为全球共同发展的态势。例如，美国 1999 年垂直专业化指数仅为 0. 015，而 2000 年增加到 0. 143，2005 年达到 0. 162。1999 年日本达到 0. 079，2000 年增加到 0. 086，2005 年达到 0. 155。此外，不少发展中国家在这方面的发展，也是显而易见的。

（2）纵向分离发达国家起步较早，而发展中国家发展速度较快。例如，1995 年，比利时达到了 0. 410，这是当时纵向分离化程度最高的国家。荷兰为 0. 384，奥地利、卢森堡以及爱尔兰都大于 0. 3。1995 年，加拿大也达到 0. 319。进入 21 世纪后，发展中国家在纵向分离方面的进程出现了加速趋势。2005 年，从中国在这方面的指数来看，达到了 0. 261，比之前增加了 72. 39%。

（3）不同国家纵向分离发展水平有显著的行业差异。其主要表现在中高技术行业要超过中低技术行业。它在具备了下列特质的行业中，有更为显著的表现：异常复杂的产品生产过程，生产环节比较多，有着较高的生产模块化水平，较高程度的生产可分性。高新技术行业的技术发展水平较高，但纵向分离水平比较低；较低水平的技术行业，纵向分离化发展水平也比较低。它表明在不同的行业间，生产的纵向分离化表现并没有呈现出线形关系。

第二节　跨国公司垂直一体化的演进

一、垂直一体化的核心概念

跨国公司垂直一体化是指，跨国公司将生产链条的不同环节转移到其他国家和地区相关的行业/产业，或者是扩张到中间产品产业，从而出现垂直生产方式。在此过程中，生产经营活动延伸到投入品的行业/产业，把原材料、中间产品的相关供应商都转入企业内部，这就是前向一体化；把它的经营范围延伸到投入品的相关行业/产业，把传统的产品销售部门转入企业范围内，这就是后向一体化。从客观方面来看，垂直一体化最为直接的表现，就是企业不断扩大自己的生产规模。

二、垂直一体化的国际条件

18 世纪以前，全球范围内的绝大部分制造业主体的资本都不多，而且它们的工人未能接受良好的教育，属于小企业，还有部分资本是把“分别独立的部分产品单纯而死板地组合而成的”。从新制品的生产单位来看，是手工工场和家庭手工业。第一次技术革命，以蒸汽机为代表的新设备和新技术的发明以及应用，将人类从繁重的体力劳动中解脱出来，这不仅降低了生产成本，而且扩大了市场供应，还提升了生产领域的机械化程度，改进了生产产品的方法，逐步扩大了企业自身的生产规模。然而，因为整体的科技水平是有限的，该时期的产品还不具备较高的技术含量。19 世纪 70 年代，出现了产、供、销一体化，从而实现了一件商品从生产到销售的整个过程。然而，由于产品不断增多，制造工艺日趋复杂，这种生产方式也日益显示出自身的弊端。从 19 世纪 80 年代以来，引发了第二次科技革命，出现了多种类型的新发明、新技术以及新创造，而且被快速地运用在工业生产中，在很大程度上加快了经济发展。从新的历史背景来看，制造商之间、供应商和制造商之间存在着一定脱节现象，从而导致了不完善的契约代替了管理的约束，对该时期的经济发展产生了最为重要的影响。在此基础上，有的生产企业组建销售组织，推销本企业的产品；有的企业开始采购工作，组建本企业的零部件生产以及原料采购组织，使生产环节组合在一起。众所周知，第一次技术革命确立了工厂制度，第二次技术革命却把企业与市场结合在一起。自此以后，综合型企业代替了单纯的生产企业，一体化生产方式取代了传统的产销分离方式，从而促进了企业的垂直一体化发展。

（一）技术与生产力的结合

伴随产业技术的广泛运用，使生产基本要素发生了根本的变化，并促进了交通和通信的发展，为规模化生产准备了条件。与此同时，交通运输方式持续改进，不断提高了运输能力，这就能够借助远距离运输得到生产经营需要的中间投入品及原料，制造商可以运用产自遥远地方的相关原材料开展生产，在一定程度上打破了资源禀赋的约束；不断改进的运输工具以较快的速度将产品和原材料输送到数千里外乃至海外顾客的手中，在某种程度上打破了市场对生产规模的约束。因此，技术创新能够使企业开展规模化生产，而交通工具的创新却能够获得稳定的原材料供应，保证销售渠道，这样企业能够对远距离生产及销售有所作为。

（二）技术与生产管理的结合

在科技快速进步和发展中，很好地发展了规模制造技术，而且和垂直一体化管理彼此呼应。第二次技术革命带来了数量丰富、水平较高的科技成果，发明出来的生产设备被广泛地运用于工业生产领域，使得全球生产步入工业现代化时代。机械化的生产方式变成这个阶段的主要组织方式，“也就是在较短时间内生产数量较多的同类产品，而且再生产其他差异的产品”。[①] 从制造技术来看，它对工人没有多高的技术要求，却对制订以及执行计划有非常严苛的规定和要求。例如，生产环节之间出现衔接不上的状况，就会出现停工待料情况，大量浪费人力和物力。因此，在运用新技术的过程中，要对生产过程的吻合以及协调进行严格控制，唯有如此才能提升企业自身的竞争力。这样一来，“高层负责决策、基层负责执行”，成为一种全新的技术与生产管理相结合模式，类似于行政机关的层级制组织结构，具有单向、机械式的特征，也是企业的最好选择。因此，生产集中促成垂直管理机构以及科层化等级组织的诞生。

（三）资产专用程度的提高

在科学技术迅猛发展的过程中，极大地提升了产品的生产能力，从而促进了新兴工业部门脱颖而出，增强了资产专用水平和程度。在技术革新的促进下，不断地深化产品加工的水平和程度，促进了飞机、汽车、电车、电灯、电焊机以及电钻等新产品生产的发展，延长了产品生产的链条。在此过程中，因为生产工艺获得了高速发展，涌现出不少新兴的工业部门，如电器、电力、化学、冶金、机械、汽车以及飞机等部门都获得较大的发展。

---

① 丹尼尔·A. 雷恩. 管理思想演变. 中国社会科学出版社，1997：63.

三、垂直一体化的国际环境

首先，技术创新对垂直一体化的形成起到了较大的推动作用。规模经济以及分工，在生产成本约束中起到了日益增强的作用，它们可以发挥规模经济的良好效应，减少生产成本。但是，发挥这种效用，要借助大规模生产的客观存在。为了提高产出量，垂直一体化的相关厂商可以全方位地发挥规模经济的优点。在此过程中，假如有较多产品生产线，厂商开展联合生产，能够比单独进行专业化生产节约更多的成本。技术变革可以有效地扩大协作范围，进一步扩展生产规模，发挥出规模经济的良好效应。基于此，假如企业的技术发展水平许可，公司就会具备持续扩张的动力，最后，还可能产生垄断。综上所述，技术革命可以将能够扩大生产规模的有较好资本条件的相关企业带到以下新环境中：假如运用一体化战略扩展生产规模，就能够降低生产成本，增强竞争优势；反过来，企业会在市场的激烈竞争中处于不利的位置。

其次，技术革命促进了垂直一体化的规模生产。要求在扩大生产规模的同时，也在一定程度上加大交易频率，这就使得交易费用在一定程度上影响了企业的竞争优势。从生产经营过程来看，务必要支付相关费用：管理成本或交易费用。这是由于对处于产品生产链条的相关环节来说，能够从市场中购买该环节生产商所提供的产品，也能够借助一体化生产该环节所需要的产品，使得该环节成为企业的组成部分。前者重点指的是，市场交易费用，涵盖了谈判成本、搜寻成本（根据产品的不同属性，存在着不同的资讯搜寻成本）、契约订立成本以及监督成本等。从第二次技术革命之前来看，因为企业的生产技术都不先进、没有较深地对产品进行加工，产品的覆盖范围不大，通常都是“就地生产以及就地销售”，这也是企业最为重要的经营模式。在第二次技术革命的大力促进下，企业具备了较强的能力，能够很好地获得资源以及销售相关产品，但是增加了产品的生产环节，所以交易的频率以及不确定性都极大地超出了以前的商品生产和销售。从此种情况来看，假如继续运用传统的生产模式，就会极大地增加市场交易的相关费用。此类加大的交易费用，重点涵盖了生产稳定费用以及缔约费用。其中，缔约费用囊括了预测供给需求、收集市场信息以及整理价格变动趋势、采购原材料协议的签订、监控贸易伙伴的费用以及最终产品销售合同的费用等，随着此类成本和参加这种产品生产链条的相关企业数量的增多而变多了。为了确保供应商在供应原材料方面的稳定性以及确保畅通的销售渠道，而需要支付较多的相关费用。从处在完全竞争整体的市场经济环境中来看，购买所需原材料通常要比实行一体化有着更高的效率。然而，从事实上的市场来看，经常会被相关市场势力阻碍，导致有效性不足的形成，它也是造成资源分配变成概率事件的关键原因之一。从此种带有风险性的市场环境来看，企业易于受到上游、下游不同企业的势力损害，尤其是在厂商要求紧急供货的情况下，外部供货厂商就会形成强烈的加价动机。在不断扩大生产规模后，经济关系的不稳定性持续增强了对企业的影响。因此，日益增多的企业会选择构建自身的生产部门，更好地满足可预测需求水平的投入品生产，假如投入品的数量不太大或不稳定，可以依靠相关厂商为其供应。对那些务必借助分销系统从而销售大量产品的企业而言，畅通的销售渠道显得一样重要。因此，人们能够注意到，科技持续地获得了新的突破，随之扩展了企业的纵向边界，垂直一体化生产方式形成，并以较快的速度向前发展，这是企业适应外部环境的变化以及发展的相关结果。

四、垂直一体化的实现基础

跨国公司实现垂直一体化，取决于国际企业的组织基础、国际市场的区位基础，以及跨国公司内外引力基础。只有这些基础性条件成熟后，才能形成较为稳定的一体化生产体系。

（一）实现垂直一体化的组织基础

跨国公司FDI的内部环境，重点涵盖了企业的产品品牌、知识产权以及研发能力。此外，还有市场营销能力和管理技术等诸多要素。此类要素组成了企业的所有权优势或垄断优势。而发展中国家的企业所具有的内部优势，如对市场的反应速度、小规模生产、本地化适应能力以及特殊技术与技能等，是跨国公司垂直一体化实现的组织基础。因为这些具有个性优势的众多企业是跨国公司直接投资的最优对象，从而形成一体化生产链条。

（二）实现垂直一体化的区位基础

跨国公司在实行垂直一体化过程中的区位选择，可能会受制于东道国环境的各种影响，涵盖了它的市场规模、贸易政策、资源禀赋以及文化习俗等相关因素，从而形成了吸引跨国公司实行垂直一体化的外部扩张能力。因此，它形成了跨国公司实现垂直专业化的区位优势条件。正因为如此，东道国的市场规模、贸易与金融政策、资源禀赋及文化习俗等成为垂直一体化区位选择的基础性因素。

（三）实现垂直一体化的引力基础

跨国公司在实行垂直一体化的过程中，要借助一定的外部引力条件，如交通技术、国际贸易自由化程度、通信技术、金融保险体系以及信息透明度等相关因素，它们组成了跨国公司垂直一体化的外部引力。外部引力是跨国公司垂直一体化实现的基本条件。只有当东道国的外部引力、跨国公司的内部引力和国际社会所提供的外部引力提升到一定水平的情况下，方能实现跨国公司垂直一体化。

五、垂直一体化的综合优势

跨国公司垂直一体化的目标，不但要追逐规模经济效益，而且还要对交易成本进行节约以及规范。由于生产经营规模的扩张，规模经济效益日益提升，而且随着一部分产品交易转入企业内部，市场交易风险进一步降低。此外，由于生产环节的统一管理，产品生产链的有机结合，使内部经营成本下降。因此，在垂直一体化条件下，跨国公司呈现出下列优势。

（一）生产成本的优势

与企业内部组织相比，市场能够以较高的效率激励企业，而且能够抵制效率较低的官僚主义。从企业来看，能够通盘地解决相关问题。在跨国公司逐步扩大自身生产规模的过程中，资产专用性逐步影响着生产经营活动。哪怕是生产技术也出现较大的变化，较长时间内的平均生产成本表现出下降态势。资产专用性越强，其生产规模经济效应就越大。

（二）交易成本的优势

企业内部的协调代替市场交易机制，这是垂直一体化的客观属性。垂直一体化能够协调相关业务环节之间的彼此关系，因为各业务环节都处在同一个管理层或公司内，并能够取得一致性的目标以及根本利益，使得公司下属的不同企业原本不够稳定的关系成为内部行政管理制约中的相互合作关系。这样一来，各个生产环节间能够通过沟通，更好地安排生产以及协调交货等。跨国公司实行垂直一体化后，有效地减少了相关促销和广告的费用。垂直一体化还能让各种生产环节间形成重复、长期的相互协作关系，这种关系能够很好地协助跨国公司在总体规划设计中进行专用性投资，能够更好地减少投资成本。此外，相关活动能够让跨国公司的内部化讨价还价成本小于市场交易成本。

（三）经营成本的优势

对跨国公司来说，采购、销售以及供应关系的稳定性，能够确保它在激烈竞争中立于不败之地。在垂直一体化条件下，企业拥有稳定的供应商所提供的销售渠道。在市场竞争激烈的条件下，产品供应通常会受到较多要素的冲击和影响，特别是那些生产中间产品的企业，会受到更多因素（如不可抗力、破产等）的影响，可能会中断或延缓供应。对跨国公司来说，实施一体化战略的目的在于制造所需的投入品，从而规避供货商在需求高峰期间随意调整价格或者延迟供应的状况。因此，纵向一体化的实施，能够确保产品的销售渠道并入本企业内部，从而实现对销售渠道的有效控制，把本企业的卖点和产品特色精准地传递给相关消费者，能够在第一时间获知消费者对产品的建议和意见，不断地调整产品，从而有针对性地满足顾客和市场的需求。

（四）市场竞争的优势

跨国企业实施纵向一体化战略后，能够将原本从外部购买的中间投入品变为内部生产和经营，能够提升它的下列能力：第一，借助一体化经营提升服务质量或产品质量，更好地适应市场的需求；第二，借助对生产环节的调整，强化自身的核心技术，提升产品差别化的能力；第三，形成竞争壁垒，预防潜在的竞争。确定无疑的是，把产品生产链相关环节中的各生产单位并入企业内部，而其他企业要想进入则会存在较大困难，尤其是产品的生产链条或其中的某些环节有垄断经营地位，更能发挥其作用。

六、垂直一体化的市场缺陷

微电子、网络以及生物等新技术的不断出现和发展，极大地改善了跨国公司生存和发展的外部环境，特别是出现互联网以后，国际分工与协作发生了许多新变化。从新形势来看，尽管企业实行一体化后还存在较大的盈利空间，然而原本作用非常小或不够严重，增加成本的问题也显示出来，在较大程度上影响跨国公司生产和经营的扩展。

（一）管理成本的增加

随着市场优胜劣汰机制的巨大作用，许多制造业形成了较大规模的跨国公司。它们拥有很多产品生产链，几乎占据了整条生产链条。出现此种超级“恐龙”型公司，和它们采取垂直一体化战略有较大的关系。它们的规模逐步扩大，出现了日益增多的管理环节，加大了管理成本。除此之外，不断扩大的公司规模，还使得企业在纵向产品链条中难以调整生产流程。在垂直一体化以前，因为企业能够从市场中购买生产经营所需的中间投入品，假如这些中间品供应商的产品未能满足企业所提出的产品标准，公司能够以法律为基础，随时和开发商中断相关合作以及合约。然而，在实施垂直一体化后，由市场机制调节的生产环节成为企业内部协调。这样一来，管理环节越来越多，信息的传递也就越来越缓慢。与此同时，也容易出现行政官僚主义。那么，怎样才能化解这些大企业病呢？这就是在实行垂直一体化过程中必须要解决的难题。

（二）经营成本的增加

实施垂直一体化后，在更大程度上决定公司命运的是其中的内部供应能力。如产品更新速度比较迟缓，还要开展大批量生产，就难以显示出较强的经营灵活性。然而，从信息技术革命开始，产品的更新换代速度在不断缩短，公司要对经营方向进行持续调整，从而向顾客提供更能满足他们需求的产品，就决定了企业的竞争优势在于它的经营灵活性。而在垂直一体化条件下，因为已经内化了相关的生产环节，如果调整产品结构，就会造成部分生产单元没有存在的必要了。不断变化的产品技术、持续变化的产品设计，都会在一定程度上增加企业的经营成本。

（三）代理成本的上升

与垂直一体化公司的某个部门相比，独立企业具备更强的激励机制，从而减少成本，这是由于市场竞争环境中的供货商之间存在着竞争关系，激励这些独立企业降低成本或进行创新，否则被竞争对手（具备了创新精神的）代替。然而，在垂直一体化产品生产链条中的各个生产环节，处在对生产经营成本实行集中分配政策的相关体系中，不能很好地界定和测量每个环节在全部生产活动中的贡献大小。缺乏行之有效的市场竞争机制，也难以评价相关环节的绩效，公司管理者不能很好地把握内部相关环节是否处于最好状态。从生产部门来看，它们的负责人可能为了自我利益通常会夸大自身的生产困难，弱化自身的创新动力。此种趋势增加了企业的代理成本。

由于产品生产链面临不同的运行环境，也就确定了公司具备不同的竞争力要素。例如，从20世纪80年代前来看，垂直一体化能够满足经济发展环境的需要，属于当时的最佳产业组织。但是，从20世纪90年代以来，尤其是进入21世纪后，全球经济在发展过程中出现了巨大变化，充分地暴露了垂直一体化的不少弊端。市场发展的不确定性、消费需求的个性化，客观要求跨国公司面对市场而增强经营灵活性。信息技术的广泛运用、移动互联设备的普及，极大地冲击了传统的社会生产和生活方式，减少了生产多元种类商品所需要的生产成本。交通技术的创新，也降低了地理因素以及规模经济的重要性。借助生产多元、组合的产品，充分地满足不同消费者的个性化要求的时代业已到来。在新形势下，跨国公司的缺陷日益凸显，客观要求跨国公司不断地优化配置自身的组织形式，即向垂直专业化方向发展，从而促使跨国公司纵向分离生产模式的诞生。

第三节　跨国公司垂直专业化的演进

20世纪末以来，科技革命还在快速发展的过程中，从而使企业发展所面临的环境出现了非常大的改变，主要体现在半成品模块领域的生产以及供应，逐步取代了标准化零部件领域的生产以及供应、市场供应以及市场需求存在着日益突出的不确定性、产品在升级换代方面的速度得到了极大提升，不断缩短产品的生命周期。从这种新形势来看，不少规模较大的跨国公司始终都比较推崇和运用垂直一体化战略，然而它的局限日益突出。为了提升企业在经营方面的主动性以及灵活性，囊括了电子、汽车以及通信等很多产业在内的相关跨国公司对产业链条进行了积极调整，将部分利润率较低的环节进行转移，在一定程度上增加了其竞争力最大的相关领域以及环节。从跨国公司的相关生产链条来看，其中的垂直专业化作为经济发展中的一种新现象出现了。

一、垂直专业化的概念及特征

（一）垂直专业化的概念

垂直专业化指的是，将生产特定产品的生产过程划分为若干生产环节，将其扩散到不同的国家或地区进行生产，并借助跨国垂直贸易和直接投资的链条将其连接在一起的生产组织方式。从当前的理论文献研究来看，经济学、地理学以及管理学等学者对垂直专业化概念的研究，存在着不少意义非常接近，但却不完全相同的提法，如“价值链切片”“外包生产”“生产非一体化”“垂直专业化”“生产地址转移”“生产片段化”“内部中间贸易”“产品内分工”“全球生产共享”“全球价值链”“全球生产网络”等不同概念。例如，盛文军和廖晓燕（2002）、刘晓赦和刘志彪（2001）以及田文（2004）等，就运用“垂直专业化”概念，研究经济全球化背景下的贸易模式以及生产模式如何有效地影响中国企业的国际化战略；卢锋（2004）运用“产品内分工”勾画了中国当代国际分工领域的基本层面，第一次构建了科学的分析框架；刘德学，苏桂富和卜国琴（2005）等运用“全球生产网络”的概念，从而对国内在加工贸易方面的结构优化以及转型升级的相关机制进行研究；此外，联合国贸发会议（UNCTAD，2002）就“生产共享”进行了定义。虽然经济学家站在各种研究角度解释这些概念，然而从整体来讲，垂直专业化生产和跨国公司自身的公司内贸易以及对外直接投资相伴而行。从国际外包来看，垂直专业化在国际外包的过程中和相当数量的产品内垂直贸易同时进行。

（二）垂直专业化的特征

20 世纪 80 年代，国际生产组织的跨国公司所采取的复合一体化战略，显著地促进了生产国际化不断繁荣和发展的新趋势。尤其是最近 10 多年以来，国际生产组织所涵盖的地区已经大大变动了。从早期覆盖发达国家的地区，进而借助非产权方式和产权方式扩散到广大发展中国家。从部分领域和行业来看，垂直专业化在此过程中表现出和以往时期不同的鲜明特征：

第一，产品内分工是它显著的表现形式。

当前的国际分工涵盖了较多层次的分工，而相同产业内多种类型的产品生产分工、各种产业以及相同产品内多种工序的分工等。生产链条上的各种分工协作，均以相关环节在要素密集度的差异性为基础，从而实现产品内分工，这是不断深化的国际分工的新成果。继续大力地改进产业间分工—产业内分工—产品内分工，这是技术进步的优势所带来的，它使产品生产过程发生了分裂，形成了不同的工序以及阶段，而且使得具备了各种比较优势的相关国家和地区成为专业化生产企业。所以，从国际竞争来看，已经不再单纯地表现在某种特定的行业和某种最终产品，它主要表现为跨国公司垂直专业化在全球化产业价值链中占有多少相关环节。

第二，助推国际生产组织变革是它的重要作用方式。

从国际生产的客观需要来看，以产品内分工为前提，就要有某个组织者超越自己国家的疆界。在世界经营环境出现重大转变的形势下，跨国公司在生产体系方面历经以下过程：从多国独立生产—

简单一体化生产—复合一体化生产，而且在持续地协调和调整。在此基础上，跨国公司体系内的技术、产品以及人员在全球相关的子公司间更为频繁地流动，而且出现了更为紧密的分工联系。从各国生产过程来看，通过跨国公司在各国的分支机构所开展的多项活动，构建了具备动态变化特征的国际生产组织。恰恰是此种网络化、开放性的国际生产组织，使得跨国企业能够在特定产业或特定部门中持续加强自己的全球控制能力，从而在这种独特的产品内分工形势下，达到国际分工以及企业内部分工的对立统一。

第三，中间产品贸易是它非常关键的营销标识。

国际分工得到了细化和发展，国际生产链条在逐步地延伸，从而充实了国际范围内交换关系的深层次含义。在第二次世界大战后的世界贸易总额中，中间产品贸易所占的比例日益提升，于是加工贸易就变成了多数发展中国家进入跨国生产体系的关键路径和重要形式。但是，随着中间产品贸易不断增多，它在较大程度上扭转了国际贸易的既定范畴，使得交易组合关系在市场机制中的作用异常突出。和早期贸易以最终产品为交易对象进行比较，而以产品内分工为基础的中间产品贸易不仅需要投入能够跨界流动的要素，还要求参加垂直生产链的相关国家或地区以完全专业化的身份参加这种分工。①

第四，企业集群是它最为有力的经济载体。

随着不断兴起的垂直专业化发展，传统类型的以产业整体移出为主要内容的产业结构梯度转移，就对应地变成了在最佳区位以生产活动分割为主要内容的增值环节所出现的梯度转移。尽管全球生产垂直分离是集聚的进一步扩散，但是，在此过程中，它也以更精细为特征的专业化分工进行生产，让大量中小企业完成此类专业化生产，而且要以技术背景为基础，运用弹性生产方法，进一步强化产业集聚，从而诞生了新型的以国际分工为基础的企业集群。

---

① 田文．产品内贸易论．经济科学出版社，2006：13～14.

二、垂直型专业化形成的条件与环境

（一）垂直专业化产生的国际条件

国际垂直专业化生产，最早出现在20世纪60年代。例如，美国为了对抗“欧、日”比较成熟的制造业的强大竞争力，调整了经济结构，激励本国企业将产品转移到其他国家和地区生产。这是因为，它能够转移更多的生产环节，从而大幅度增加利润。为此，美国在1963年专门制订了“生产共享计划”。从这项产业政策来看，假如厂商能够部分或全部运用美国所制造的中间产品，将其运到其他国家或地区组装和加工，在国外完成此类产品生产后并返销到美国市场内，所涵盖的美国原产中间产品以及零部件都会得到相应的免税待遇，并且对产品征税对象只限定在国外加工增值部分。从20世纪90年代开始，跨国公司将产品链中的产品生产业务大部分转到外部企业进行，从而见证了一体化到专业化的巨大变化，从而迅速发展了相当数量的离岸外包业务。

从当前来看，外包经营以及垂直专业化都是全球贸易的关键特征。对东欧国家而言，在实行市场经济之前就承接了大量的外包业务，如20世纪70年代宜家就在波兰建立了生产、经营部门。东亚各国不仅为欧美企业提供大量的中间产品，并且在其生产过程共享网络，内部贸易获得了快速的发展。从吴和叶慈（Ng，Yeats）所进行的调研来看，亚洲国家1948～1996年出口元件数量增加了5倍。由于欧盟不断加大经济一体化的程度和水平，大量的欧盟内部公司对生产、经营规划进行了重新安排。按照Kaminski，Ng（2003）的相关探讨，欧盟的10个新成员都加入零部件贸易中去，尤其是在汽车与家具行业。爱格（Egger，2003）认为，由于东欧的贸易壁垒较低，劳动力较廉价，使得奥地利将部分劳动密集型为主的生产环节转移到东欧地区。从WTO所提供的1998年度报告，把美国生产小汽车的过程称为国际外包及垂直专业化的典范。生产一辆福特汽车所用零部件超过700个，可以借助专业化分工以及规模化生产来获得。然而，随着全球市场竞争更加激烈，消费者的产品差异化需求日益增加，从而市场需求出现新的趋势。从汽车生产过程来看，生产环节日益复杂，想要在本公司内部做到专业化分工以及规模化，显得异常困难。在这种新形势下，出现了多元化的技能以及市场需求，使得厂商不断地创新管理和组织，从而确保企业的成本竞争力，适应发展较快的复杂性，因而外包方式很好地破解了这个难题。从印度班加罗尔来看，它已经成为微软等规模较大的跨国公司提供软件外包的全球主要基地之一。此类跨国公司的总部研发中心只设计软件的整体蓝图，之后将编程等相关操作借助互联网，交给位于印度班加罗尔的软件外包公司，它们在完成了这些设计后，借助互联网将其传输到跨国公司总部。由此可以看出，跨国公司运用全球时差，借助外包生产搭建起完整的生产体系，而且能够做到全年无休。

托马斯·弗里德曼，系统地分析了生产戴尔笔记本所历经的全球生产链条，从全方位审视了跨国公司生产分散化的特点。

（二）垂直专业化形成的国际环境

20世纪40年代，第二次世界大战已经结束，多数发展中国家获得了革命的胜利，为社会发展提供了稳定的主流环境，并极大地改善了发展科技的国际环境。更重要的是，为了促进军备竞赛以及提升对抗全球范围内经济竞争的要求，相关国家的政府大力研究和开发新技术。各国政府不但直接主持而且担负那种周期长、耗费大、利润不高、风险大，有着较强组织性的科技项目，采购大量的新技术以及新产品，着力促进教育事业的发展，为发展科技培育了相当数量的高素质人才。与此同时，拟定和实施了能够促进科技发展的相关规划和法令，进一步改善了科研体制，为促进第三次新技术革命的发生准备了必不可少的物质基础。在此背景下，以开发原子能、发明及运用电子计算机为标志的第三次技术革命，在全球迅速开展起来。这些技术先是在美国诞生，然后快速地在全球范围内扩散。这次技术革命也被称为现代技术革命，重点涵盖了信息、新材料、生物、新能源、空间以及海洋等技术领域，其中，新材料、信息以及生物等技术的进步和发展，明显地影响了企业边界的变动，也加速了垂直专业化的发展。

三、垂直专业化发展的动因

当前，跨国公司的经营战略发了较大改变，引导着全新的企业管理战略浪潮：日益增多的跨国公司在努力地或尽可能地分析竞争环境的变化以及发展，据此对企业边界进行调整，加速了非主营业务的剥离，在较大幅度上完成了经营范围的收缩。这些经济体，由于“富可敌国”，因此一定会在全球的经营战略改变和发展中，极大地影响世界经济的发展。

（一）生产模块化的普及

产品标准化，是以大机器生产为特征的时代的重要标准。在人们的生活中，产品标准化已是无所不及，但是我们通常觉察不到，产品标准化是随着生产技术的不断革新和现代产业的发展而逐步完善的。而产品标准化的完善，又催生了生产模块化。然而，随着消费者需求的个性化，生产模块化在国际分工体系中将会发挥日益重要的职能，尤其是半成品模块的生产和供应将会慢慢地代替标准化零部件的供应以及生产。

生产模块化的普及，使产品更新换代加速，产品生命周期缩短，从而导致产品生产的多元化。而产品的多元化生产，使垂直一体化演进为垂直专业化，从而使跨国公司生产与经营更具有灵活性和分散化特征，这就是垂直专业化发展的直接动因。

（二）市场供应的不确定

市场不确定性是指，市场供应与需求的不确定性，即供求弹性的变化，它是在市场经济形势下肯定会出现的现象。从经济运行态势来看，虽然有自身规律，然而却通常不会根据线性轨迹运行。供求弹性的经常变化，已是当前经济生活中稳定的趋势。对企业来说，不但要防御因为供求弹性的改变而导致的威胁，还要运用好供求弹性变化所创造的相关机遇。所以，关注供求弹性自身的发展趋势，已成为企业在市场经济背景中构建自身竞争战略的固有要求。

市场供应的不确定性，客观要求跨国公司将原来通过市场购买和销售的生产要素和产品纳入产品生产链条之内，使市场交易行为演变为产业内交易和产品内交易。因此，垂直专业化生产方式比垂直一体化更富有市场效率，从而促进了越来越多的跨国公司选择垂直专业化生产模式，从而将产品生产过程分成多环节，外包给不同区位市场的国家和地区的企业群体，这就是垂直专业化迅速发展的市场动因。

（三）产品生命周期的不断缩短

从科技的快速进步和发展来看，出现了日益多元化的现代消费品样式，在此过程中加快了产品的更新换代。市场经济所引领的喜新厌旧的消费倾向，使得相关产品不断地缩短生命周期。为了更好地适应市场激烈竞争的新形势，不但要尽可能地减少流通末端的产品库存量，而且要尽可能地在生产环节生产少量化、多品种的产品。例如，信息技术产品自身的产品生命周期，从 20 世纪 70 年代的平均期限为 8 年，到 20 世纪 80 年代平均期限不到 2 年。从当前来看，移动存储以及数码产品的生命周期，不得不按月来计算。

市场需求多元化，引导产品生命周期的缩短，从而导致产品更新换代的加速。这就要求产品生产的灵活性和多变性，因此，产品生产体系一体化让位于专业化，垂直专业化又加速产品生命周期的缩短，从而顺应了市场需求多元化，这就是垂直专业化发展的周期动因。

第四章

跨国公司垂直一体化与垂直专业化选择模型

第三章我们分析了跨国公司垂直一体化与垂直专业化的演进，明确了垂直专业化是垂直一体化发展的必然结果，但垂直专业化并不能完全替代垂直一体化，因为它们是跨国公司在全球经济一体化条件下的两种生产组织模式。垂直一体化生产组织模式，实行严格的产品生产线或产品生产环节的内部统一管理，因而称其为“自营”或“业务自营”；垂直专业化生产组织模式，是将产品生产线或产品生产环节中的一部分或大部分生产业务外包出去，并按照“区位优势、资源优势、技术优势和成本优势”的原则，安排给不同国家或地区的企业生产，因而称其为“外包”或“业务外包”。

那么，在国际市场激烈竞争的条件下，是采取自营生产方式，还是采取外包生产方式呢？或者说，是实行垂直一体化生产模式，还是实行垂直专业化生产模式？本章就是分析垂直一体化与垂直专业化的选择问题。其实，垂直一体化与垂直专业化的选择，并不是人为随意作出的决策，而且根据现实的市场条件和环境等众多因素分析之后科学决策的一种表现形式。为了进行科学的选择决策，本章试图通过建立跨国公司垂直一体化与垂直专业化决策流程，以及建立决策模型来解决这一重大决策问题，旨在科学指导跨国公司如何进行“自营”与“外包”的选择。

必须指出，按照国际分工和国际经济合作理论，垂直一体化被称为纵向一体化，垂直专业化亦称为纵向分离，为了分析方便，本章对前者称为业务自营，后者称为业务外包，并简称自营和外包。

第一节　跨国公司垂直一体化与垂直专业化的决策流程

众所周知，任何经营管理活动的决策，都是按照一定组织路线和认识的思维逻辑进行的，因而被称为决策流程。而决策流程决定之后，才能根据研究主题和目标来建立决策模型。因此，决策流程是构建决策模型的基础和依据，两者相互依存、互为条件。

跨国公司垂直一体化与垂直专业化决策流程的确立，必须建立在业务自营与外包的宏观战略分析和微观经济分析的基础上，从而确定决策流程的路线图和思维逻辑方式。

一、业务自营与外包的宏观战略分析

如果从宏观战略层面来分析，跨国公司是采取垂直一体化生产的自营模式，还是采取垂直专业化生产的外包模式，必然涉及两大核心问题，即跨国公司相关业务与核心业务关联度的大小，以及跨国公司与外包市场匹配度的大小。这是因为，如果相关业务与核心业务关联度不大，则相关业务可以实行外包，反之只能采取自营方式；如果企业与外包服务供应市场匹配度较好的话，则可以实行外包，否则只能采取自营方式。

（一）相关业务与核心业务关联度的大小

对相关业务与核心业务关联度大小的分析，是建立在跨国公司掌控核心业务基础上的，因为跨国公司只有在掌控核心业务的条件下才可能将相关业务外包出去，以参与全球资源的合理配置，从而获取外包效益。

跨国公司是否将相关业务外包出去，关键在于它与核心业务之间的关联度。如前所述，如果相关业务与核心业务之间的关联度不大，就可以把相关业务转移出去，因为它不影响核心业务的开发和扩展；如果相关业务与核心业务关联度十分紧密，若将相关业务外包出去，就会不利于公司核心业务的开发和扩展。

现在的问题是，怎样分析相关业务与核心业务之间的关联度呢？在通常情况下，相关业务与核心业务之间的关联度，主要表现在以下四个方面，即企业所有业务活动中相关业务活动的比例、相关业务为核心业务带来的竞争优势、相关业务的复杂性、相关业务活动时间占总业务周期的比例。

1. 相关业务对核心业务的重要性

相关业务占企业全部业务的比例，在一定程度上反映了相关业务对核心业务的重要程度。假如相关业务占企业全部业务比例较大，表明它对核心业务的重要性；反之，重要性较小，与核心业务关联度较小。因此，它是自营与外包选择的重要指标。

相关业务对核心业务带来的竞争优势，是选择自营或外包的重要取向，这是因为如果相关业务对核心业务带来较大的竞争优势，若将其外包出去就会使企业丧失某方面的优势，任何企业都会把竞争优势业务掌握在自己手中。因此，这项指标是自营和外包选择的重要依据。

相关业务的复杂性，是相关业务与核心业务关联度的技术指标，它是核心业务开发与发展的技术基础。这是因为任何复杂性生产工序和生产环节，都是企业技术水平和产品科技含量的重要体现，与核心业务密切相关。因此，相关业务的复杂程度是衡量核心业务重要程度的尺度，而且是相关业务优势所在，所以成为自营和外包选择的重要依据之一。

相关业务活动时间占总业务周期的比例，是衡量相关业务与核心业务重要性的尺度。这是因为，核心业务是决定总业务周期长短的决定性因素，相关业务时间长短对总业务周期长短是有影响的。如果相关业务活动时间的长短，对总业务周期长短影响不大，就可以将相关业务转包出去；如果相关业务对总业务周期影响较大，就必须将相关业务留在企业。

综上所述，相关业务对核心业务的重要性越强，相关业务与核心业务的关联度就越紧密，因而相关业务就不能外包出去。如果相关业务对核心业务的重要性越低，两者之间的关联度就越小，因而将其转移出去就是正确的选择。然而，这种理论分析无疑是正确的，但要作为选择依据，必须将其分解为具体指标，并通过定量分析模型得出相应的数据，才能成为选择决策的直接指标。

2. 核心业务对相关业务的要求

核心业务对其他相关业务的要求，既是相关业务对核心业务重要性的一种表现形式，又是相关业务与企业核心业务关联度的重要体现。它主要体现在四个方面，即响应性、完善性、安全性、特殊性。

核心业务对相关业务的要求，与相关业务对核心业务的重要性相比，两者之间关系的角度和侧重点是不同的。相关业务与核心业务的重要性，直接关系到自营与外包的取舍及其选择；而核心业务对相关业务的要求，一方面，关系到自营与外包的选择；另一方面，涉及相关业务外包后对核心业务的影响及其关联度。例如，就核心业务与相关业务的响应性而言，如果业务外包后其响应性比自营更加弱化，那么，业务外包就不是最佳选择；就核心业务与相关业务的完善性而言，如果业务外包后其完善性被破坏，那么，业务外包就不是最优选择；就核心业务与相关业务的安全性而言，如果业务外包后其安全性没有保障，那么，业务外包就会给企业带来风险，因而外包选择是错误的；就相关业务与核心业务的特殊性而言，如果业务外包以后其特殊性造成不协调情况，那么，可能会给核心业务造成损害，因而业务外包的选择是不理智的。

由此可见，核心业务对相关业务的要求，仅从理论上分析是完全不够的，也无法作为自营与外包选择的直接依据。因此，只有当两者的响应性、完善性、安全性、特殊性等问题放在选择机理模型进行综合分析并加以指标的定量分析，才能成为自营与外包选择的重要因子，为正确选择提供依据。这就是本书建立决策模型的重要原因，也是进行定量分析的有效途径。

（二）企业与外包市场匹配度的大小

企业与外包市场匹配度的大小，是跨国公司自营与外包决策流程的重要环节，在一定程度上左右自营与外包决策的成败。它涉及宏观战略分析中的外部与内部两个方面。

从宏观战略分析的角度，跨国公司与外包服务供应市场匹配度的外部因素涉及外包服务供应市场的区位优势、资源优势、社会环境优势和物流运输优势等。其中，区位优势涉及最终产品销售市场的地理优势，资源优势涉及外包业务资源配给优势，社会环境优势涉及外包产品市场营销环境和外包产业集群形成的区域经济环境；物流运输环境优势，涉及外包产品空间转移的交易成本和运输效率。然而，这些宏观层面的因素往往通过外包企业内部因素体现出来，因此，当分析跨国公司与外包业务供给市场匹配度时，本书有意将宏观层面的因素作为既定因素。

从跨国公司与外包业务供给市场匹配度的内部来看，主要涉及企业技术层面、管理层面和财务层面。

1. 外包生产的技术匹配

由于本书重点分析的是跨国公司垂直专业化，即跨国公司产品生产的纵向分离，也就是业务外包，因此，这里重点分析外包生产的技术匹配、管理匹配和财务匹配，并进行指标设计。

外包生产的技术匹配，主要涉及信息技术水平匹配、设施设备水平匹配、人员技术水平匹配。其中，信息技术水平指标权重最大，在技术匹配中占 40%，而设施设备水平与人员技术水平各占 30%。

信息技术水平是关系外包生产的关键，因为外包生产和产品创新，主要建立在信息技术平台之上。设施设备水平是外包生产质量的根本保证，而人员技术水平则是外包生产效率和创新的关键。因此，成为决策模型分析中的重要指标。

2. 外包生产的管理匹配

外包生产是脱离跨国公司内部管理的独立生产形式，它主要靠外包生产企业管理来实现，因此，外包生产效率与效益取决于外包企业的独立管理，因此，外包企业管理水平是外包选择的重要依据。

在外包生产管理匹配中，主要涉及业务处理能力、客户响应能力、特殊事件处理能力、多业务整合能力、事故处理能力。本书将这些管理能力量化为管理匹配 5 项指标，并设计了每项指标的权重。其中，客户响应能力最高，为 30%，而业务处理能力、多业务整合能力和事故处理能力，各占 20%。特殊事件尽管是少数现象，然而一旦产生对其生产影响极大，故占权重 10%。

从外包市场匹配来看，管理层面匹配的权重最高，占 40%。它是外包市场最活跃的因素，也是外包业务选择对象的重要依据。这是因为，当跨国公司决定外包时，先是选择哪个国家或地区的企业来承接，而由哪个企业来承接，最重要的依据是管理水平，这就是管理权重最高的重要原因。

3. 外包生产的财务匹配

众所周知，跨国公司选择外包市场时，重要的指向就是财务效益，即产品的经济效益，是跨国公司将垂直一体化转化为垂直专业化的重要原因。因此，财务匹配是外包选择时的重要依据。

外包生产的财务匹配，主要包括三个方面，即平均市场价格水平、运作成本水平、批量折扣。其中，平均市场价格水平的权重占财务匹配中的40%，而运作成本水平和批量折扣各占30%。

平均市场价格水平，实质上代表了外包市场的区位优势，也在一定程度上体现了外包业务供应市场的成熟度和市场竞争优势。运作成本水平，实质上代表了外包市场的资源优势和投资优势，也是跨国公司选择外包市场的重要依据，因为运作成本的高低直接关系到外包经济效益的好坏。批量折扣水平，也是跨国公司选择外包市场的重要依据，因为批量折扣的高低，也直接影响到外包经济效益的高低。

综上所述，外包市场（外包业务服务供应市场）的匹配度，不仅构成垂直一体化与垂直专业化决策流程的重要环节，而且是至关重要的决策依据。正因为如此，它是垂直一体化与垂直专业化决策模型的核心，因为它是决策模型指标体系的主体。

二、业务自营与外包的微观经济分析

业务自营与外包的微观经济分析，主要涉及两个方面的问题：一是转换成本的投资回收期是否低于基准投资回收期；二是成熟期业务自营与外包成本之差是否大于零。前者涉及投资效益，后者涉及经营效益，但最终涉及自营与外包经济效益的比较，因为经济效益永远都是决策选择的依据。

（一）转化成本的投资回收期与基准投资回收期

转换成本的投资回收期（亦称收回期）与基准投资回收期（亦称收回期），是投资经济学的一组概念，主要指投资项目转换后，原投资项目与新投资项目之间投资效益的比较，因而它是投资决策的重要依据。本书借助投资效益比较理论来分析自营与外包转换以后，两者之间投资效益的大小，从而纳入自营与外包决策流程之中。

跨国公司在掌控核心业务的情况下，对于其他相关业务是实行自营还是外包，主要看两者之间的投资效益。如果将自营业务转换为外包以后，若外包投资回收期超过自营回收期，跨国公司则放弃外包而采取自营；若外包投资回收期低于原自营投资回收期，跨国公司则继续选择外包。因此，投资回收期的长短，是跨国公司业务自营与外包选择的重要依据，从而成为其决策流程微观经济分析的重要内容和对象。

如前所述，跨国公司在相关业务与核心业务关联度较小的情况下，可以将相关业务转移出去，实行垂直专业化生产组织方式，即采取外包形式。然而，自营转化为外包，相关业务与核心业务关联度只是它的前提条件，还要看外包市场的匹配度如何，更要看投资回收期如何。因此，投资回收期是自营与外包选择的重要依据之一。

有的学者认为，跨国公司一旦将相关业务转移出去，并以外包生产方式确定以后，不会再回到自营生产方式。其实，这是一种误解。因为跨国公司相关业务在自营与外包选择中，取决于多种因素，而且两种生产方式是可以相互转换的，其中，投资回收期是自营与外包相互转换的推动器。为此，本书将投资回收期作为业务自营与外包决策流程中“四大分析要素”之一。

（二）成熟期业务自营与外包成本之差

经营成本是经济效益和企业盈利率调节的杠杆，也是跨国公司在自营与外包决策中的重要依据。

在自营与外包决策的微观经济学分析过程中，外包过程涵盖了两个阶段，即磨合期和成熟期。在外包生产处于磨合期时，生产成本具有不稳定性，很难看出外包效益是否好于自营效益，这是众所周知的。然而，处于生产成熟期的外包，经过磨合期以后开始步入正轨，外包企业的经营管理、财务管理以及技术水平等方面处于成熟状态，因此，外包成熟期发生的经营成本（包括生产成本、管理成本和交易成本）具有一定的稳定性，与自营成本进行比较是合理的。

如果成熟期外包成本高于成熟期自营成本，那么，跨国公司必然放弃外包而选择自营；若外包成本低于自营成本，而外包决策无疑是正确的，跨国公司仍会继续实行外包战略。由此可见，成熟期自营与外包成本之差，则是跨国公司业务自营与外包决策流程的重要环节，从而成为决策流程“四大要素”之一。

综上所述，本书只是为跨国公司选择自营与外包时提供决策依据和思维逻辑框架，并在此基础上建立自营与外包选择机理模型。由于选择机理模型是建立在决策流程基础上的，所以本书在决策流程中设立四大要素，即相关业务与核心业务关联度、企业与外包市场匹配度、成熟期自营与外包成本之差、转换成本的投资回收期与基准投资回收期，见图4－1，从而构成业务自营与外包选择机理模型流程图。这四大要素，就是跨国公司业务自营与外包选择时的四大依据。

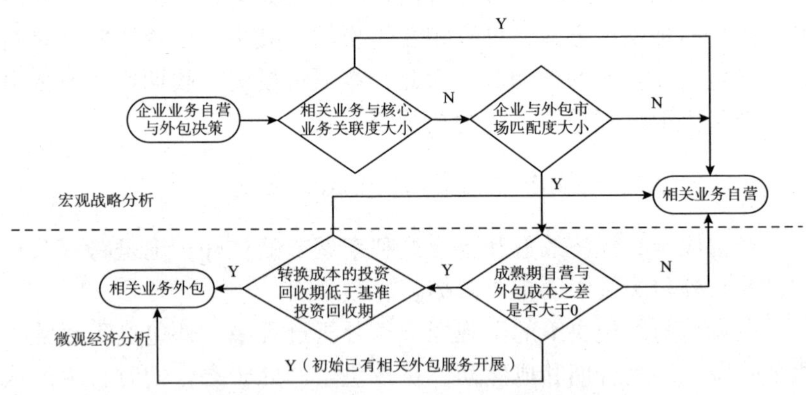

图4－1　企业业务自营外包决策流程

三、业务自营与外包决策流程图

（一）相关业务与核心业务的关联度

相关业务与核心业务的关联度，是跨国公司将相关业务采取自营或外包生产方式决策时的首要因素和依据。其关联度包括四个方面，即相关业务在总业务中所占的比重、相关业务为核心业务带来的竞争优势、相关业务的复杂性、相关业务活动时间占产品周期的比例。上述四个方面，综合体现了相关业务与核心业务之间的关系。如果两者之间的关系紧密，则可以采取自营生产方式；若两者之间的关系不紧密，或者说关联度不大，则可以选择外包生产方式。这是相关业务对核心业务重要性的体现，因而成为首选因素和关键的决策依据。

此外，核心业务对相关业务的要求，也是判断和衡量相关业务与核心业务关联度大小的重要尺度和依据。核心业务对相关业务的要求是多方面的，其中，主要是相关业务与核心业务的响应性、相关业务与核心业务的完善性、相关业务与核心业务的安全性，以及相关业务与核心业务的特殊性。在分析相关业务与核心业务关联度时，要综合考察响应性、完善性、安全性和特殊性之间的关联度及其相互作用，对自营与外包选择所产生的影响力。

（二）跨国公司与外包市场的匹配度

跨国公司与外包市场匹配度，是跨国公司自营与外包决策的核心因素和主要依据。其匹配度表现为外部与内部两个方面，从外部来看，主要表现为区位地理匹配、资源禀赋匹配、社会环境匹配和交通运输匹配等；从内部来看，主要表现为技术水平匹配、管理水平匹配和财务状况匹配。

从外部匹配与内部匹配之间的关系来看，区位地理匹配、资源禀赋匹配、社会环境匹配和交通运输匹配，将外部匹配在外包经济效益中转化为内部匹配，并与技术水平匹配、管理水平匹配和财务状况匹配融为一体。因此，本书在跨国公司与外包市场匹配度的分析中作了说明，但在自营与外包决策模型中舍去外包市场外部匹配。

基于上述分析，在自营与外包选择机理模型中，对外包市场内部三大匹配中，设计了分类指标。

在外包市场匹配度评价指标体系中，分别在技术水平匹配中，设计了信息技术指标、设施设备水平指标、人员技术水平指标；在管理水平匹配中，设计了业务处理能力指标、客户响应能力指标、特殊事件处理能力指标、多业务整合能力指标、事故处理能力指标等；在财务状况匹配中，设计了平均市场价格指标、运作成本指标和批量折扣指标。这些评估指标构成了业务自营与外包决策模型的主体。

（三）成熟期自营与外包成本之差

成熟期自营与外包成本的比较，是业务自营与外包决策流程中的反馈环节，是决策流程四大步骤中承上启下的调整环节。简单地说，当外包生产成本高于自营生产成本，说明外包决策的失误；反之，如果外包生产成本低于自营生产成本，表明外包决策是正确的。因此，成熟期自营与外包成本的比较，是自营与外包决策调整的重要依据。任何决策是否正确，必须接受实践的检验，实践是检验真理的唯一标准。因此，在自营与外包动态决策的过程中，根据自营与外包成本的比较结果来调整决策，是跨国公司自营与外包战略目标实现的重要保障。

（四）转换成本的投资回收期与基准投资回收期

投资回收期，或者说投资收回期，是企业经济效益的重要表现形式。假如投资100万元，其投资回收期越长，投资效益越差，反之，则越好。当外包决策确定之后，在实践中要检查两项结果，即成本效果和投资效果。前者检验外包生产成本是否低于自营成本，后者检验外包投资回收期是否低于自营回收期。假如外包生产成本低于自营成本，但外包投资回收期要超过自营投资回收期，也说明外包不是最佳选择，而根据实际情况进行调整。因此，转换成本的投资回收期与基准投资回收期之比，是跨国公司业务自营与外包决策流程中的反馈环节，是决策流程最终的调节环节。

综上所述，跨国公司业务自营与外包决策流程的动态过程，呈现出动态的渐进决策路线图。首先，根据相关业务与核心业务关联度的大小，决定自营或外包。如果其关联度较小，相关业务实行外包。其次，当外包决策作出后，必须对外包市场匹配度进行深入分析。在确定外包市场匹配度处于完全匹配或较为匹配时，则可正式实施相关业务外包。再次，当外包生产进入成熟期时，要对外包生产成本与原自营生产成本进行比较，如果外包生产成本低于自营成本，将继续实行外包生产，反之，则进行调整；最后，当外包生产定型后，如果外包投资回收期比基准投资回收期要短，可继续扩大外包业务，否则将进行全面调整。

第二节　跨国公司垂直一体化与垂直专业化的决策模型

在跨国公司业务自营与外包决策流程分析中，主要对“相关业务与核心业务关联度的大小”“企业与外包市场匹配度的大小”“成熟期自营与外包成本之差”“转换成本的投资回收期与基准投资回收期”四大决策要素进行系统分析。其中，相关业务与核心业务关联度，以及外包市场匹配度，是业务自营与外包决策的直接依据；成熟期自营与外包成本的比较，以及转换成本的投资回收期与基准投资回收期的比较，则是自营与外包相互调整的依据，属于自营与外包决策流程的第二层次。因此，本节在建立垂直一体化与垂直专业化决策模型时，主要设立相关业务与核心业务关联度定量分析模型，以及外包市场匹配度定量分析模型，从而为跨国公司作出自营决策或外包决策时提供定量分析的依据。

目前，国际企业决策模型有多种类型，都有自身的优点和长处，但也有自身的缺陷。本书选用了 AHP - GRAP 模型（即灰色多层次综合模型）的基本方法，构建了相关业务与核心业务关联度量化分析模型，因为它结合了灰色关联分析法以及层次分析法的部分优点。

首先，运用层次分析法，获得影响企业核心业务及其相关业务紧密关系的相关因素所占的指标权重；其次，运用德尔菲法，以专家打分法的形式，获得相关业务与核心业务在联系紧密度方面的各级指标值；最后，运用灰色关联分析法对指标权重以及指标值进行处理，获取企业在相关业务以及核心业务之间的关联度值，如果两者之间关联度比较小，外包业务不会损害企业的核心业务，能够将其进行业务外包；反之，外包业务则可能会损害企业的核心业务，就不能选择外包。这就是相关业务与核心业务关联度量化模型构建的分析过程。

一、相关业务与核心业务关联度的分析流程图

（一）关联度分析流程图的特点

从上述相关业务与核心业务关联度分析流程图，见图 4 -2，来看，本书首先，运用德尔菲法，并通过专家打分法的形式，获得衡量与评价相关业务与核心业务关联度的各级指标值；其次，采取 AHP - GRAP 模型灰色多层次分析法和灰色关联分析法对各级指标值进行数列分析，从而得出灰色关联系数；再次，根据关联系数进行综合分析，从而得出关联度的大小值；最后，根据关联度的大小进行自营与外包的选择。因此，本书对关联度的分析，始终贯彻关

联与层次相结合的分析法，从而使自营与外包决策建立在科学依据之上。这就是说，关联度分析流程图的特点在于，较好地把握分析流程的层次性和科学性。

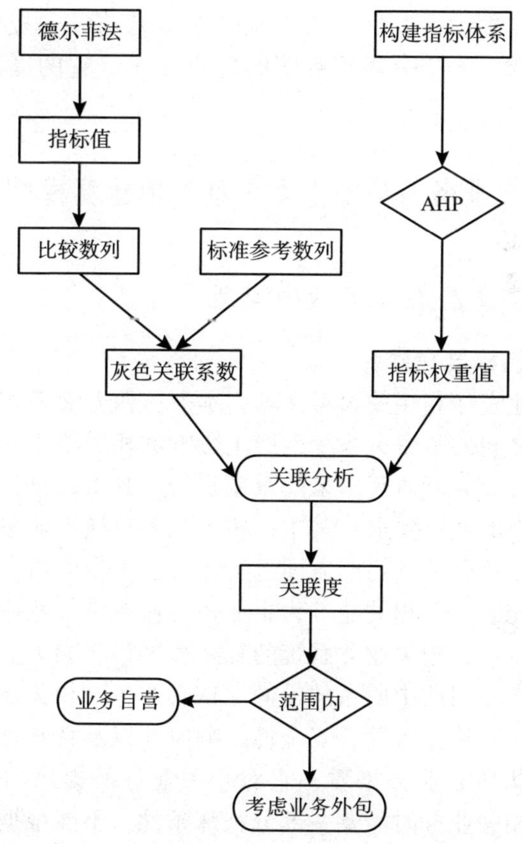

图 4－2　相关业务与核心业务关联度分析流程

（二）分析流程图的优点

在对相关业务与核心业务关联度多层次分析的过程中，为了使分析步步深入，并保证每一步分析建立在关联数值的基础上，因而构建了相关业务与核心业务关联度的指标体系，并对指标体系进行 AHP，然后得出各级指标的权重值。这样一来，根据权重值可以看出关联度相关指标因子的重要程度，从而揭示各个因子指标在关联度中的重要性，为正确选择自营或外包提供真实可靠的依据。因此，本书分析流程图的优点在于，它的准确性和内在关联性。

二、相关业务与核心业务关联度的运算模型

（一）建立层次分析结构模型

1. 构造指标层次体系

结合企业实际和相关参考文献，本书从两方面考虑对相关业务与核心业务之间的紧密关系程度产生影响的相关要素：首先，是相关业务对核心业务所体现出来的重要程度，其次，是核心业务对相关业务所提出的业务要求。其中，相关业务对核心业务所体现出来的重要程度，可以从下列四方面进行评价：①企业所有活动中相关业务所占的比例；②相关业务为企业核心业务带来相应的竞争优势的程度；③企业在相关业务系统的复杂程度；④相关业务的活动时间，在整个产品周期中所占的份额。核心业务对相关业务所提出的相关要求，主要从完善性、安全性、响应性以及特殊性等若干方面进行评价。从核心业务来看，它对相关业务所提出的特殊性要求是，在运作相关业务时需要一部分特殊条件，不能根据正常方式来办理。相关业务与企业核心业务之间的紧密关系产生影响的相关指标体系，见图 4－3。

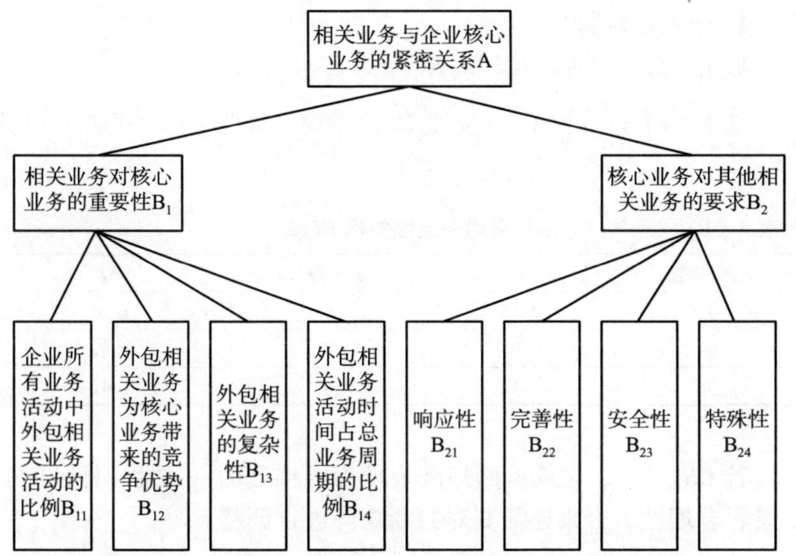

图 4-3　影响外包业务与企业核心业务紧密关系指标体系

2. 构造判断矩阵

从这个指标体系的判断矩阵 $A = (a_{ij})_{n\times n}$ 来看，属于正互反矩阵，它能够对 n 个因子进行描述：

$$X = \{x_1, x_2, \cdots, x_n\}$$

在完成对比判断后，形成了对事件影响大小的相应关系。

3. 层次单排序

运用近似方法，对排序权向量 W 和 $\lambda_{\max}$ 进行计算：

$$W_i = \frac{\overline{W}_i}{\sum_{j=1}^{n} \overline{W}_j}$$

$$\lambda_{\max} = \sum_{i=1}^{n} \frac{(AW_i)}{nW_i}$$

则 $\overline{W} = [\overline{W}_1, \overline{W}_2, \cdots, \overline{W}_n]^T$ 为需要得出的相应的权重。

4. 一致性检验

随机一致性比率 $CR = CI/RI$

其中：$CI = \frac{1}{n-1}(\lambda_{max} - n)$，$RI$ 是平均一致性指标，见表4－1。

表4－1　　平均一致性指标 *RI* 值

矩阵阶数	*RI*	矩阵阶数	*RI*
3	0.58	6	1.24
4	0.90	7	1.32
5	1.12	8	1.41

若 $CR<0.1$，说明判断矩阵表现为可接受的一致性，即证明权重设置合理性，否则还需要对判断矩阵进行调整。

（二）灰色关联系数和灰色关联分析

设参考数列 $X_0 = \{X_0(k) \mid (k=1, 2, \cdots, n)\}$；

比较数列 $X_i = \{X_i(k) \mid (k=1, 2, \cdots, n)\}$，$i=1, 2, \cdots, m$

则有比较数列 X_i 对参考数列 X_0，在 k 时刻的关联系数 $\zeta(k)$ 为：

$$\zeta_i(k) = \frac{\Delta_{min} + \rho\Delta_{max}}{\Delta_{0i}(k) + \rho\Delta_{max}} \tag{4-1}$$

其中，$\Delta_{min} = \min_i \min_k |X_0(k) - X_i(k)|$ 为两极最小差，$\Delta_{max} = \max_i \max_k |X_0(k) - X_i(k)|$ 为两极最大差，$\Delta_{0i} = |X_0(k) - X_i(k)|$ 为 k 时刻两数列的绝对差，ρ 为分辨系数，一般条件下 $\rho = 0.5$。

比较数列 X_i 和参考数列 X_0 的关联程度，可用关联度 γ_i 进行比较：

$$\gamma_i = \frac{1}{n}\sum_{k=1}^{n} A_k \xi_i(k) \tag{4-2}$$

关联度 γ_i 值越大，说明参考数列 X_0 和比较数列 X_i 存在着越大的关联程度。如果将参考数列 X_0 设定为各个相关指标的评价值，

按照关联度 γ_i 数值的大小，就能够对相关评价事物开展优劣的排序活动。

从已知的相关业务与核心业务之间的关联度，企业的外包业务也就是企业的相关业务。因而，对参考数列而言，它的取值就代表着相关业务与核心业务情况下的相关指标的评价值。

企业外包的相关业务，就是在企业核心业务正常的情况下，相关指标值都处在标准状态。灰色关联系数和灰色关联分析，就是评价当前该企业的相关业务状况，确定是否要作出业务外包决策。假定统计相当数量的公司在外包决策方面的关联度 γ_i，并确定自营的下限值为 γ_0，那么，确定自营的范围应该是 $\gamma_0 < \gamma_i < 1$。

（三）相关业务与核心业务关联度模型算例分析

本书根据实际调研，结合某企业业务自营与外包决策过程，建立 AHP - GRAP 模型，并用算例进行演示。

1. 构造判断矩阵并计算权重

从表 4 - 1 所示的各个因素所体现出来的相对重要性，并给出相应的判断矩阵，按照前述公式将权重计算出来，开展一致性检验，计算结果，见表 4 - 2 ~ 表 4 - 5。

表 4 - 2　　判断矩阵 $A - B_i$

A	B_1	B_2	W_i
B_1	1	1/2	0.333
B_2	2	1	0.667
$\lambda_{max} = 2.0025$；$CI = 0.0025$，$CI < 0.1$			

表 4 - 3　　判断矩阵 $B_1 - B_{1i}$

B_1	B_{11}	B_{12}	B_{13}	B_{14}	W_i
B_{11}	1	1	1/2	1/3	0.141
B_{12}	1	1	1/2	1/3	0.141

续表

B_1	B_{11}	B_{12}	B_{13}	B_{14}	W_i
B_{13}	2	2	1	1/2	0.263
B_{14}	3	3	2	1	0.445
$\lambda_{max}=4.012$；$CI=0.004$，$RI=0.9$，$CR=0.0044<0.1$					

表 4-4　　判断矩阵 B_2-B_{2i}

B_2	B_{21}	B_{22}	B_{23}	B_{24}	W_i
B_{21}	1	1/2	1/2	1/4	0.105
B_{22}	2	1	1	1/3	0.190
B_{23}	2	1	1	1/4	0.190
B_{24}	4	3	3	1	0.515
$\lambda_{max}=4.001$；$CI=0.0003$，$RI=0.9$，$CR=0.0003<0.1$					

表 4-5　　影响因素权重

评价指标	W_i	评价指标	W_i
B_1	0.333	B_{14}	0.224
B_2	0.667	B_{21}	0.053
B_{11}	0.071	B_{22}	0.095
B_{12}	0.071	B_{23}	0.095
B_{13}	0.132	B_{24}	0.259

2. 计算关联系数和关联度

运用德尔菲法对各项评价指标进行相应的评分，将评分折算为算术平均值，可产生企业外包相关业务的比较数列 $X_i(k)$，即核心业务状态时的各个指标，在不失一般性的条件下，本书将参考数列 $X_0(k)$ 设定为理想分值 5，表 4-6 为详细评分值。

表 4－6　　影响因素权重

指标		评分	权重	$X_0(k)$
相关业务对核心业务的重要性	企业所有活动中相关活动的比例	4.2	0.132	5
	相关业务为核心业务带来的竞争优势	4.0	0.224	5
	相关业务系统的复杂程度	4.1	0.071	5
	相关业务活动时间占产品周期的比例	3.0	0.071	5
核心业务对相关业务的要求	响应性	4.3	0.095	5
	完善性	3.6	0.259	5
	安全性	4.5	0.095	5
	特殊性	2.5	0.053	5

根据式 4.1 计算关联系数 $\xi_i(k)$，由式 4.2 计算关联度 γ_i，计算结果如表 4－6 所示，则有：

$$\gamma_i = \frac{1}{n}\sum_{k=1}^{n} A_k \xi_i(k) = 0.9233$$

γ_i 偏大，而且非常接近标准理想值，这就是说，它与企业核心业务有着较大的关联度，因此，这家企业应该自营相关业务。

三、企业与外包服务供应市场匹配度的运算模型

在前文考虑了相关业务和核心业务在此之前的关系，假如相关业务和核心业务没有非常密切的联系，可以将该业务进行外包。在此过程中，企业的决策者要将自身的目光从企业内转到企业外，准确地评估当前环境下的外包服务供给市场状况，分析它能否为本企业提供所需的针对性服务，这就意味着，本企业和外包服务供给市场能否有较高的匹配度。假如二者的匹配度比较好，就能够进行业务外包，否则就要自营。本书运用模糊理论，构建了模糊评价模型，研究了二者的匹配性。

（一）企业与外包服务供应市场的匹配性评价等级划分

先构建评价结果集合，将评价结果划分为五个等级：完全匹配、较为匹配、匹配度尚可、不太匹配以及完全不匹配。运用 V 来代表评价结果的集合，如下所示：

$V=\{V_1, V_2, V_3, V_4, V_5\}=\{$完全匹配，较为匹配，匹配度尚可，不太匹配，完全不匹配$\}$

（二）企业与外包服务供应市场匹配度相关指标体系

1. 评价体系的设计

表 4－7　　外包业务服务市场与企业匹配度指标体系

外包业务供给市场与企业匹配度指标	技术层面（U_1）	信息技术水平 U_{11}
		设施设备水平 U_{12}
		人员技术水平 U_{13}
	管理层面（U_2）	业务处理能力 U_{21}
		客户响应能力 U_{22}
		特殊事件处理能力 U_{23}
		多业务整合能力 U_{24}
		事故处理能力 U_{25}
	财务层面（U_3）	平均市场价格 U_{31}
		运作成本 U_{32}
		批量折扣 U_{33}

本书从技术、管理以及财务等层面，展开了构建二者匹配指标体系的工作。从技术角度分析，主要评价信息技术、设施设备、人员技术等水平，能够将外包市场的技术水平反映出来。此外，管理层面涵盖了业务处理、特殊事件处理、客户响应、多业务整合能力以及事故率等，能够反映出目前在外包服务市场所具备的管理水平。其中，业务管理能力代表目前外包市场对企业在进行外包服务

所提要求方面的满足能力，其余因素能够很好地表明外包企业自身成熟度的高低，而成熟度能够保证企业延续自身的业务外包策略。从财务层面来看，涵盖了运作成本、平均市场价格以及批量折扣等指标，企业非常关注市场价格，这个指标在较大程度上确定了它在开展外包服务方面的成本，有效地评价了外包运作成本可以更好地将外包服务市场的运营状态表现出来。此外，批量折扣能够反映外包服务企业在开展大规模外包业务后，所能提供的相关优惠力度和幅度。

写出评价指标集合：

$$U = \{U_1, U_2, U_3, U_4, U_5\}$$

写出评价指标子集：

$$U_1 = \{U_{11}, U_{12}, U_{13}\},\ U_2 = \{U_{21}, U_{22}, U_{23}, U_{24}, U_{25}\},$$
$$U_3 = \{U_{31}, U_{32}, U_{33}\}$$

2. 评价结果计算

（1）模糊评价矩阵的构造：

根据对标价指标 $U = \{U_1, U_2, U_3, U_4, U_5\}$ 的模糊评价值 $R_i = \{r_{i1}, r_{i2}, \cdots, r_{im}\}$，构造模糊评价矩阵：

$$R = \begin{bmatrix} r_{11} & r_{12} & \cdots & r_{1m} \\ r_{21} & r_{22} & \cdots & r_{2m} \\ \cdots & \cdots & \cdots & \cdots \\ r_{n1} & r_{n1} & \cdots & r_{nm} \end{bmatrix} = \begin{bmatrix} R_1 \\ R_2 \\ \cdots \\ R_n \end{bmatrix}$$

评价指标的权数可以采用 *Delphi* 方法加以确定。

（2）指标权数的分配：

$$A = (a_1 a_2 a_3 a_4 a_5)\left(\sum_{i=1}^{5} a_i = 1\right)$$

（3）设指标子集的权重：

$$A_1 = (a_{11}a_{12}a_{13});\ A_2 = (a_{21}a_{22}a_{23}a_{24}a_{25});\ A_3 = (a_{31}a_{32}a_{33})$$

（4）进行模糊矩阵复合运算：

$B = A \cdot R$ 得 $B = (b_1, b_2, \cdots, b_m)$，它是 U 在 V 上的模糊子

集，其中：

$$b_j = \sum_{i=1}^{n} (a_i \cdot r_{ij})(j = 1, 2, \cdots, m)$$

另外，如果 $\sum_{j=1}^{m} b_j \neq 1$，则进行归一化处理，得到 $B' = (b'_1, b'_2, \cdots, b'_m)$ 作为各级模糊评价的最终结果。

（5）指标评价的结果：

$B = (B_1, B_2, B_3)$ 为第二层指标的评价结果。

$B = A \cdot R = A\begin{bmatrix} B'_1 \\ B'_2 \\ B'_3 \end{bmatrix}$，就得到最终的评价结果。

（三）跨国公司与外包服务供应市场匹配度算例分析

设某跨国公司在进行业务自营与外包的相关决策，已决定预备外包的相关业务及其核心业务存在着较低的关联度。目前，需要评估外包服务市场和企业的匹配度，运用模糊评价法，过程如下所示：

1. 设计指标权重

按照外包服务市场以及企业的相关情况，熟悉本企业及外包市场的相关人员要共同分配相关权重，重新划分匹配度等级。获得了表4－8的赋值结果。

表4－8　算例评价指标值

企业与外包服务市场匹配度指标	一级指标	权重	二级指标	权重	评价结果等级				
					完全匹配	较为匹配	匹配尚可	不太匹配	完全不匹配
	技术层面	0.3	信息技术水平	0.4	0.3	0.4	0.3	0	0
			设施设备水平	0.3	0.3	0.5	0.2	0	0
			人员技术水平	0.3	0.5	0.2	0.3	0	0

续表

	一级指标	权重	二级指标	权重	评价结果等级				
					完全匹配	较为匹配	匹配尚可	不太匹配	完全不匹配
企业与外包服务市场匹配度指标	管理层面	0.4	业务处理能力	0.2	0.2	0.4	0.3	0.1	0.1
			客户响应能力	0.3	0.3	0.5	0.1	0.1	0
			特殊事件处理能力	0.1	0.1	0.3	0.5	0.1	0
			多业务整合能力	0.2	0.2	0.2	0.5	0	0.1
			事故处理能力	0.2	0.3	0.4	0.2	0.1	0
	财务层面	0.3	平均市场价格	0.4	0.5	0.3	0.1	0.1	0
			运作成本	0.3	0.3	0.4	0.2	0.1	0
			批量折扣	0.3	0.4	0.3	0.2	0.1	0

2. 计算二级指标

$$B_1 = A_1 \cdot R_1 = (0.4 \quad 0.3 \quad 0.3)\begin{bmatrix} 0.3 & 0.4 & 0.3 & 0 & 0 \\ 0.3 & 0.5 & 0.2 & 0 & 0 \\ 0.5 & 0.2 & 0.3 & 0 & 0 \end{bmatrix}$$

$$= (0.41 \quad 0.33 \quad 0.1600)$$

归一化处理得：$B_1' = (0.46 \quad 0.35 \quad 0.13 \quad 0 \quad 0)$

$$B_2 = A_2 \cdot R_2 = (0.2 \quad 0.3 \quad 0.1 \quad 0.2 \quad 0.2)\begin{bmatrix} 0.2 & 0.4 & 0.3 & 0.1 & 0.1 \\ 0.3 & 0.5 & 0.1 & 0.1 & 0.0 \\ 0.1 & 0.3 & 0.5 & 0.1 & 0.0 \\ 0.2 & 0.2 & 0.5 & 0.0 & 0.1 \\ 0.3 & 0.4 & 0.2 & 0.1 & 0.0 \end{bmatrix}$$

$$= (0.19 \quad 0.32 \quad 0.39 \quad 0.07 \quad 0.05)$$

归一化处理得：$B_2' = (0.18 \quad 0.31 \quad 0.38 \quad 0.06 \quad 0.07)$

$$B_3 = A_3 \cdot R_3 = (0.4 \quad 0.3 \quad 0.3)\begin{bmatrix} 0.5 & 0.3 & 0.1 & 0.1 & 0.0 \\ 0.3 & 0.4 & 0.2 & 0.1 & 0.0 \\ 0.4 & 0.3 & 0.2 & 0.1 & 0.0 \end{bmatrix}$$

$$= (0.47 \quad 0.42 \quad 0.11 \quad 0.040)$$

归一化处理得：$B_3' = (0.46 \quad 0.43 \quad 0.12 \quad 0.03 \quad 0)$

3. 计算一级指标

$$B = A \cdot R = \begin{bmatrix} B_1' \\ B_2' \\ B_3' \end{bmatrix} (0.3 \quad 0.4 \quad 0.3) \begin{bmatrix} 0.46 & 0.35 & 0.13 & 0 & 0 \\ 0.18 & 0.31 & 0.38 & 0.06 & 0.07 \\ 0.46 & 0.43 & 0.12 & 0.03 & 0.00 \end{bmatrix}$$

$$= (0.387 \quad 0.461 \quad 0.135 \quad 0.052 \quad 0.023)$$

由 B 值可以得出，达到了相关匹配等级自身的可能性。在这中间，完美匹配的概率达到了 0.387，较为匹配的达到了 0.461，有着较高的匹配度。这表明，跨国公司可以从外包服务市场中探寻到和自身外包服务相适应的供应商。在这种情况下，企业能够考虑将它的相关业务活动实行外包政策。

第三节　跨国公司业务自营与外包决策模型的检验

上述第二节专门针对跨国公司相关业务与核心业务关联度的大小以及外包市场匹配度的程度，通过建立一系列指标体系及其指标的权重，构建自营与外包决策量化分析模型，并在运算数据的支持下作出相关业务外包的决策。

上述外包决策，是建立在前提条件与充分条件的基础上。当相关业务与核心业务的关联度较小时，跨国公司将相关业务外包出去，并选择具有区位优势、资源优势、技术优势和物流优势的国家和地区的企业进行生产。它的前提条件是，相关业务外包出去，并不影响核心业务的开发与发展。然而，这只是外包决策的第一步。

外包决策的第二步，就是外包市场的匹配度。外包市场的匹配度有五种情况，即完全匹配、较好匹配、匹配尚可、不完全匹配、完全不匹配。完全匹配是外包的上策，较好匹配是外包的中策，匹配尚可是外包的下策，不完全匹配和完全不匹配不符合外包条件。

因此，外包的充分条件是完全匹配，其次是较好匹配和匹配尚可。由此可见，外包的充分条件存在三种状态，即最佳、一般、尚可。

作为自营与外包决策选择模型，它通过一系列指标和指标的权重，并运用层次分析法和关联分析法，能将外包市场匹配度区分为五种状态，供跨国公司在决定外包时参考。这就是建立自营与外包决策模型的作用，避免了决策的失误。然而，任何决策正确是否，还得接受实践的检验。

一、外包生产成本的检验

作为一种决策模型，不仅具有决策的功能，而且具有检验的功能，只有这样才能成为 种成熟模型。当外包决策确定之后，还要在实践中进行检验，因此，自营成本与外包成本的比较就是最好的检验。

如果外包成本低于自营成本，就说明外包决策是正确的；如果外包成本高于自营成本，表明外包决策是错误的。这是自营与外包决策模型最基本的检验功能。然而，自营与外包成本之差，也有优、一般、差等状态。因此，通过外包成本的回馈，采取相应的对策，使外包处于最佳状态。

外包成本是否优于（低于）自营成本，取决于外包市场的技术层面、管理层面和财务层面。因此，要想使外包经营成本达到最理想的状态，必须及时将技术、管理和财务调整到最佳状态。

（一）专业化技术水平的提升

要想降低外包经营成本，必须提高外包生产的专业化技术水平。外包生产的专业化技术水平，涉及信息技术水平、生产设备和设施设备的技术水平，以及专业化生产过程中技术人员的水平。在外包市场匹配模型中，信息技术水平的权重占 40%，设施设备水平和人员技术水平各占 30%。这是决策时考虑的三大技术要素。然而，在实践运用中三个方面都具有同等重要的作用。例如，要想降低生产成本，提高生产设施和设备的技术水平至关重要。这是因为，先进的技术设施和设备，可以成倍提升生产效率，大幅地降低生产成本，这是众所周知的。因此，业务外包比自营的要求更高，否则外包很难继续下去。其实，将相关业务外包出去，就是选择拥有先进的技术设施和设备的外包企业生产。然而，技术水平是动态的，因为技术不断地革新，因此，要想在激烈的市场竞争中处于优势地位，就必须适时更新技术更先进的设施和设备，不断地提高生产率，不断地降低单位生产成本。

（二）专业化管理水平的提高

管理出效率，这是众所周知的。在外包市场匹配模型中，管理层面涉及五个方面的管理能力，即业务处理能力、客户响应能力、特殊事件处理能力、多业务整合能力、事故处理能力，其中，客户响应能力占 30% 的权重，特殊事件处理能力占 10% 的权重，其他各占 20% 的权重。这种权重分布在决策模型中无疑是正确的。

在外包市场匹配模型中管理层面占 40% 的权重，其他各占 30% 的权重，这说明管理水平是外包选择权重最高，也是最重的。然而，针对外包生产成本的管理，上述五种能力具有同等重要的作用。如果要想通过管理降低生产成本，客户响应能力和多业务整合能力最为重要。这是因为，客户响应能力就是根据市场需求组织生产，如果生产的产品不符合市场的要求，那么，必然造成产品积压、库存增加，增加管理成本，而且可能使生产成本无法收回，因为产品销售不出去才是最大的损失。多业务整合能力，是高度运行生产线所必须具备的管理能力，如果在产品生产线的分工协作组织不当，必然造成工作效率低下，从而增加生产成本。其实，处理事故能力也非常重要，因为事故不能及时排除，必然影响生产进展和生产效率，从而加大生产成本。综上所述，跨国公司要想不断地提高外包生产效率，降低生产成本，就必须提高外包市场匹配模型中的五个方面的管理能力，其中，最为重要的是客户响应能力和多业务整合能力。

（三）专业化财务状况的调整

提高外包生产经营效益，改善外包企业财务状况，是降低外包生产的最终目的和集中体现。从财务管理而言，降低生产成本是改善企业财务状况的根本途径。而财务状况的好坏，又是外包市场匹配模型中的重要层面。

在外包市场财务匹配中，主要涉及三个重要方面，即外包产品的平均市场价格水平、外包经营运作成本、外包业务批量折扣等。其中，平均市场水平占有40%的权重，而运作成本与批量折扣均占30%的权重。就平均价格水平而言，平均价格水平越低，市场竞争力越高，但财务收益也相对较低，两者之间存在矛盾性。要解决这个矛盾，只有提高生产力水平和劳动生产效率，降低生产成本，压缩非生产性财务开发，增加营业外收益。就运作成本而言，要降低运作成本，必须提高谈判效率，加强经营联盟，强化业务合作平台，减少非生产费用，及时调整生产项目等。就批量折扣而言，这是市场营销的范畴，这里所指的是营销策略与营销推广，因此，提高市场营销水平至关重要。

外包企业财务管理水平的高低，是降低外包成本的重要途径，因此，要及时调整财务运作项目和强化财务管理。在外包市场匹配模型中财务层面的问题极为重要，简单地说，就是选择财务管理水平高的外包企业，是外包市场匹配好坏的重要标志。

综上所述，外包市场匹配模型不仅为外包企业选择提供重要的判断依据，而且为外包生产的调整指明了方向。更为重要的是，为外包生产成本的降低提供了可操作的对策。这就是说，外包市场匹配模型为跨国公司决策提供动态信息，这是决策模型的生命力。

二、外包投资回收期的检验

众所周知，投资回收期越短，投资效益就越好，因此，投资回收期是衡量企业经营管理水平高低的重要尺度。当跨国公司将相关业务转移到外包企业生产时，不仅要检验外包生产的要求，而且要检验外包投资回收期是否达到外包生产的要求。

那么，如何检验外包投资回收期是否达到外包生产的要求呢?在自营与外包决策模型中，专门设置“转换成本的投资回收期低于基准投资回收期”的客观标准。其实，外包投资回收期是否达到外包生产的要求，就是外包投资回收期比自营投资回收期短，或者说外包投资回收比自营投资回收要快。只有这样，外包生产才能继续下去，否则只能自营。

现在的问题是，如何缩短外包投资回收期，使外包投资回收期大大低于自营投资回收期，只有如此，才能充分显示外包生产的优越性。这里主要涉及两个方面的问题，一是调整产品生命周期，二是调整产品市场寿命周期。前者要求产品生产过程缩短，生产频率增加；后者涉及产品市场周转率和产品生命力。

（一）产品生产周期的调整

产品生产周期的长短，涉及外包市场匹配模型中的技术层面，其中，与设施和设备水平有着直接的关系。在产品生产链条既定的情况下，如果产品生产设施和设备先进，就会大大缩短产品生产时间，从而使投资回收期缩短。如果产品生产时间越长，投资回收期就越长，这是不言而喻的。因此，在选择外包生产企业时，一方面，要注意生产设施和生产设备的先进性；另一方面，要注重外包生产企业更新设施和设备的能力。此外，还要注重生产设施和设备的外换能力，因为新产品开发速度越来越快，在同类生产设施和设备中要能生产多品种和多规格的产品，这样才能适应市场的需求，产品在市场中的竞争力就越强，产品生产效益就越好，投资回收期就越快。

（二）产品市场寿命周期的调整

产品生命周期与产品市场寿命周期，是相互依存和相互促进的关系。假如产品生命周期越短，所耗费的生产成本就越高，投资回收期就越长。这是因为当产品进入市场衰退期，市场需求急剧下降，产品销售越来越困难，产品所耗费的成本无法收回。当产品供不应求，产品价格随之上升，产品盈利就越高，产品生产成本收回越快。

那么，产品生命周期与产品市场生命周期的内在关系在哪里呢，主要取决于产品质量、特色和功能。如果产品质量好而且极富特色，产品功能越大，该产品在市场生命周期就越长，因而能持久地为企业带来丰富的利润，企业经济效益就越好。那么，生产该产品的投资回收就越快。

综上所述，要想尽快收回投资并获取丰富的利润，就必须不断地调整产品的生产。这与外包市场匹配模型中客户响应能力和设备水平，有着密切的关系。这是因为，按照市场需求和市场周期，及时生产哪些市场受欢迎的产品，不仅资金周转加速，而且投资效益越好。此外，产品质量和功能，与产品设施和设备水平也有着直接的关系。

由此可见，自营与外包决策模型中的市场匹配板块，不仅为外包选择指明方向，而且为产品投资回收期的调整提供依据。因此，必须善于运用自营与外包决策模型。

第四节 本章小结

由此可见，自营与外包决策模型中的市场匹配板块，不仅为外包选择指明方向，而且为产品投资回收期的调整提供依据。因此，必须善于运用自营与外包决策模型。

本章专门研究跨国公司自营与外包决策模型，而且这种模型属于动态模型，具有重要的现实意义。

按照研究思路与逻辑结构，本书在第一节中论述了业务自营与外包的决策流程，在第二节中专门进行业务自营与外包决策模型的运算，在第三节中专门进行业务自营与外包决策模型的验证。它们之间的逻辑关系是，决策流程为决策模型运算设计了程序和途径，决策模型运算为决策模型的检验提供方向和依据，而决策模型的检验，又验证了决策流程和决策模型运算是否正确，三者之间相互呼应、相互关联、相互依存，共同组成完整的动态的决策模型，这就是本书创新之处。

第五章

跨国公司企业边界及其测量模型

在第二章相关文献综述的企业边界理论中，国内外学者主要针对“交易成本视角下的企业边界、不完全契约理论视角下的企业边界和产业组织视角下的企业边界”进行研究，研究的视角主要在于交易成本边界、产业契约边界和产业组织边界，而没有从战略的角度去分析企业边界。因此，本章在文献研究的基础上对垂直专业化条件下跨国公司企业边界进行研究，旨在揭示企业边界的表现形式以及影响企业边界的诸因素，并采用规范的实证方法研究了各因素对企业边界的影响，从而为分析垂直专业化条件下纵向分离模式奠定了理论基础，也为中国垂直专业化发展的对策提供理论依据。

第一节　企业边界及其表现形式

一、企业边界的确定和演化

企业边界的界定以及演变过程，在当今的企业理论界一直颇受关注，不同学派对企业边界的界定也是不同的。比如，居于正统地位的新古典经济学是这样划分的，它将企业视为一组生产函数，认为企业结构最优化的实现必须以企业的专业划分为依据。这就相当于企业是一个“黑匣子”，它所关注的不是企业的组织与运行，而是通过最优化市场规模结构的确立来达到降低成本的目的。当然，在这之后还有新的界定方式，那就是科斯的企业边界确定。他将交易成本作为企业武器，将难以量化的经济效率的协调问题，转变为容易对照的信息成本问题，并以此作出最终交易方式的最优选项。这不仅完成了企业边界的界定，同时，也奠定了组织交易理论的基本框架。科斯的企业边界界定理论，是对新古典经济学理论的发展与创新，他将企业与市场的地位进行相互调换，但最终的边界点却是要实现二者之间的平衡。除上述界定外，对企业边界的确定进行详细研究的还有威廉姆森，他所重视的则是企业效率问题，也就是说，将市场和科层制设定为企业管理的重要因素，由此提出企业的组织结构以及边界是需要根据自身的交易成本来确定的。他认为，企业效率实现的焦点在于交易成本，因而企业内部的管理结构必须是由其自身的交易特征来设定完成的。在实际生活中，企业边界的确定是通过交易成本的最小化得以实现的，而交易成本的控制则是通过自营和外包两个环节中的选择得以实现。简单而言，就是当自制成本低于外购成本时，企业的边界是需要扩大的，反之则需缩小。

美国管理史学家钱德勒（Chandler，1977）提出了一种新的观点，那就是潜在交易伙伴，同时，他认为这种交易伙伴是不确定的。具体来讲，他认为，企业自身所处的环境本来就充满了不确定性，而其中一个最为显著的不确定代表就是潜在交易伙伴。这是因为，生产者在相当程度上是难以确定潜在交易伙伴的可靠性的，更无法得知其是否会采取机会主义等行为对自身造成威胁。因此，企业要想减少或避免这种不确定性，就必须在边界界定时努力扩大自身规模，将交易囊括到自己的科层制当中去，并对整体的交易行为进行必要的监控和调整。所以，企业规模越大，交易伙伴以及交易成本的不确定性就越低。根据这种观点，垄断组织是最佳的界定方式。

除上述理论外，比较著名的还有企业能力理论，该理论是从企业效率的角度对企业和市场加以界定，其缺点就是极易隐藏二者之间的差异性，因而也就无法对企业的边际界定作出合理的全面分析。这是由于交易成本经济学的理论依据在一开始就将市场与企业的区别抹杀了，他们认为这是可以相互替代的，但是企业的生产功能却是市场所不具备的，这是不容忽视的。因此，这种观点遭到了各界一致的强烈反对。迪特里希曾在 1994 年对这种市场能够取代企业的理论进行了极为强烈的批判，它认为所谓的市场可以代替企业，就是将市场居于无企业仍能存在并运行的境地，而这是绝对不会实现的。原因很简单，市场无法在没有企业生产的情况下发挥功能。然而，这并不是第一次有人对市场可以代替企业的理论加以辩驳。早在 1991 年，林德伯格等就提出了反对意见，他们认为，企业的生产与组织在市场的正常运行是相互的，企业可以根据自身情况采用灵活的组织形式，因此，交易成本并非唯一的企业边界。企业要想回归市场有多种途径，比如外购、转包、寻求帮助等。所以，企业在进行边界界定以及战略选择时，不确定性是无法排除的。再者，交易成本经济学所提出的企业能力理论隐含着一个不成文的假设，那就是企业的存在是为了弥补市场的缺陷，这明显对企业性质造成歪曲。在 1991 年，康纳同样对这种隐含假设作出了评价，他说企业不是市场缺陷的弥补品，并且在资源整合以及创新等方面具有市场所不可企及的优势。在 1996 年，康纳和普哈拉共同指出，企业的存在不仅意味着生产，还标志着创新。所以，企业可以有效地规避机会主义行为，同时，通过创新、知识以及资源等维持自身的竞争优势。在 1998 年，罗斯比提出这样一种假设，他认为企业不只是交易的框架，而且达到了资源整合以及创新的结合时，节约交易成本就不再是企业边界界定的最优选择。此外，企业能力理论虽然从某种程度上承认了不确定性对企业产生的重要影响，但是却将其看作外来的变量，只考虑了一个参数的不确定性，而忽视了整体结构的不确定。对此，美国经济学家朗格卢瓦在1984年提出行为参数的不确定性，不能全面地说明企业边界的不确定以及组织效率等问题，而企业生存的直接原因和根本原因，都取决于结构的不确定性。上述中的参数不确定，是企业对所涉及的问题缺乏相应的了解，结构不确定性是对问题的性质以及可能造成的后果难以预测。1997年，朗格卢瓦又提出了这样的观点，他认为因企业之间进行交易行为而产生的敲竹杠、机会主义等问题，均可以通过改善企业与其上下之间的关系来解决，而结构的不确定性则需要纳入价值分析的范畴。此外，新的市场组织形式以及不确定的手段都有所增多，比如，外包生产、网络组织、虚拟企业等，都在对传统一体化的大型组织结构进行着无声的瓦解。因而，这些因素也就成为市场不确定新的缓冲机制。所以，缩减企业规模以及产品模块化将复杂的生产关系加以简化，使得大型企业在经济活动中的地位和作用一步步被削弱甚至退化。因此，企业边界变得模糊化、多重化，随之企业的内部结构以及合作等也就在不同程度上被能力不同的模块取代了。

所以，能力论者提倡，既要站在效率的视角考虑企业的发展性质和边界问题，又要借助主动战略理论对企业的基本问题进行重新审视。威廉姆森（Williamson，1999）作为交易成本经济学的创始人也承认："倘若只从交易成本理论出发解释企业的边界问题，而不将企业的实际战略考虑进去，则这种解释会缺乏全面性，不具有说服力，因为企业的发展历史以及实际的发展能力，会对企业的边界选择问题造成很大影响。"

二、企业边界的表现形式

科斯作为交易成本理论的经济学家，他认为，企业边界问题主要关系到企业在市场经济中与其他企业的界限问题。科层制在解决企业边界以内的问题发挥着重要作用，价格机制的作用则需要在企业边界以外体现出来。企业边界具有比较明确的表现形式，并且这种形式是唯一的，企业的生产规模，是决定企业生产效率的重要因素。企业规模作为一种能够看得到的界限，它可以分为纵向和横向两种类型。其中，纵向边界的决定因素，是企业的生产过程中体现出来的垂直一体化程度；横向边界的决定因素，则是企业负责生产产品部门的种类数量。交易成本经济学理论中给出的企业边界基本概念，并没有将企业边界全面地反映出来。从系统理论角度来看，"边界"实质上是某个系统与外界之间存在的间隔，是一种屏障。对于企业而言，不仅要面对经济市场这个外部环境，而且要面对政府、社会组织等外部环境。于是，阿劳约等从战略视角出发，将企业边界定义为：将企业与外部环境联系起来的桥梁以及将它们隔离开来的屏障。雅可比和比林格（Jacobides，Billinger，2006）提出，企业的边界在其与外部环境取得联系的时候就在不断地发生着变化。企业与外部环境形成互动的过程，需要借助企业边界输入—输出的方式，同时，企业边界的变化与发展会对企业的功能结构和具体经济行为产生影响。企业边界将企业与外部环境区别开来，这种界限除了表现在企业规模上以外，还具有许多其他的表现方式。阿什肯纳斯（Ashkenas，2004）基于企业组织结构和外部环境之间的关系，提出企业具有水平、垂直、地理以及外部 4 种不同类型；保尔森和埃尔纳提出，企业边界分为物理、社会和心理三种类型。桑托斯和艾森哈特（Santos，Eisenhardt，2005）指出，企业边界的概念包括效率、权力、能力以及身份 4 种类型。

桑托斯和艾森哈特针对效率边界的内涵指出，该理论边界本身就具有很强的模糊性。企业边界的这种定义，可以解释企业交易该从内部还是外部完成的问题。在设定组织边界的时候，应该遵循最小化交易成本、最优化资源配置的原则。站在企业效率角度来分析，边界组织的确定，就是判断企业交易到底该在内部还是在外部完成的过程。

权力边界的概念，是在资源依赖理论的基础上发展而来的，反映出了企业与外部环境之间相互影响的关系。普菲尔和萨兰奇克提出，组织作为一种制度设计者，可以降低企业发展的不确定性，并在企业的发展过程中发挥作用；戴维斯和鲍威尔指出，企业边界点是组织在控制外部资源过程中体现出来的最高控制点。企业在日常经营活动中，可以从多种途径获取资源，也可以借助多种战略模式开展业务。权力边界并不是固定不变的，企业可以根据自身的实际情况，适当调整权力边界，以满足战略需求。企业不仅可以借助权力范围的扩大功能，来增强自身的市场竞争力以及增加市场占有率，而且，可以借助权力范围的收缩功能，增强企业的核心竞争力。

能力边界的概念，是在资源基础以及核心能力理论的基础上发展而来的，关注的是企业的关键性资源以及核心竞争力等方面的内容。立足于战略理论研究企业边界的学者，就比较关注以能力划分企业边界的说法。他们认为，企业是一种集合体，汇集了特定的资源和特殊的能力。企业的能力会受到各种资源的影响，而这些资源是决定企业竞争优势和利润状况的重要因素。普拉哈拉德和哈默尔（Pralahad，Hamel，1990）提出，企业在安排生产经营活动时，需要根据自身的核心能力展开，在能力范围内的活动则由内部完成，超出能力范围的活动则将之外包出去。因此，企业在确定能力边界的时候，应该综合考虑企业资源、核心竞争力等方面的因素。企业要想增强核心竞争力，提高市场占有率，就应该基于能力边界，积极开展企业资源与业务能力整合工作。站在企业能力角度展开分析可以发现，企业边界的决定因素，包括企业人力资源、核心竞争力等内容。

2005 年，桑托斯和艾森哈特从物质和技术系统等层面提出企业身份边界概念，关注企业员工的心理活动。1995 年，韦克基于组织身份认同理论，将组织定义为一种有意义的情境建构活动。1989 年，阿什福斯和马莱从认知、情感和行为三方面，对组织的身份边界定性定义。一方面，组织在明确自身边界的情形下，能够帮助组织成员充分了解到组织的基本特征和主要发展目标，并对自己在组织中的身份进行准确定位，从而增强组织管理活动的清晰度和准确度，促使组织与环境之间的关系达到简单化状态；另一方面，在明确自身边界的情形下，可以增强组织成员对组织的心理归属感和信任、依赖感，统一组织成员的认知情感与具体行为，能够起到稳定组织成员的心态，提高组织行为有效性的作用（Bogner，Barr，2000）。

第二节　跨国公司企业边界的测量

企业边界是效率、权力、能力和身份边界的综合表现，本书借助于结构方程模型，并通过问卷调查完成规范的实证研究。

一、量表的设计

本书在借鉴桑托斯和艾森哈特（Santos，Eisenhardt，2005）所提出的 4 种企业边界特征的基础上，结合中国跨国企业的实际情况，自行设计了企业边界的测量量表及调查问卷。本书采用七级量表，测量量表，见表 5－1。

表 5－1　企业边界测量维度

序号	维度	序号	维度
Q1	合作定期记录	Q6	现金流量决策权
Q2	成本决策权	Q7	合作稽查
Q3	协调流程建立	Q8	使用资源保密协议
Q4	违反契约记录	Q9	激励体系调整
Q5	会计利润决策权	Q10	经济利润 EVA 决策权

续表

序号	维度	序号	维度
Q11	工作流程调整会议召开	Q23	组织身份感知
Q12	专有资源使用限制	Q24	访问信息限制
Q13	双赢目标实现沟通渠道	Q25	信息保密控制
Q14	合作终止说明	Q26	换位思考能力
Q15	消费者需求联系建立途径	Q27	信息与知识分享控制
Q16	同心协力能力	Q28	信息沟通能力
Q17	争议解决方式规定	Q29	分歧化解能力
Q18	市场价值决策权	Q30	信息编码及个人化
Q19	产品和服务信息提供平台	Q31	合作内容限定
Q20	内部工作流程规范	Q32	倾听能力
Q21	归属感	Q33	合作范围界定
Q22	联系人变动通知		

二、调查概述

本书在量表的基础上，设计了调查问卷，调查问卷见附录，本书在正式调查前先做了预调查，在对预调查数据进行分析的基础上，对调查问卷进行了修改，以使调查问卷更有针对性，最终形成了正式调查问卷。最后，共向100家跨国公司发放了260份调查问卷，回收253份问卷，有效问卷250，有效问卷的样本构成，见表5-2。

表5-2　　样本描述

变量	属性	百分比（%）	变量	属性	百分比（%）
职位	高层管理	7.1	所属公司行业	加工制造业	40.6
	中层管理	16.2		服务业	56.7
	一般员工	76.7		其他	2.7

续表

变量	属性	百分比（%）	变量	属性	百分比（%）
所属公司性质	国有企业	35.8	所属公司员工人数	500 人以下	10.5
	民营企业	37.1		500～1000 人	20.3
	外商独（合）资企业	16.9		1000～5000 人	45.6
	其他	10.2		5000 人以上	23.6

表 5－2 中，所属公司行业为了统计方便，只列出了大类行业分类。实际上，本次调查涉及的小类行业，主要有装饰业、建筑业、医药业、医疗器械业、房地产业、零售业、物业管理和技术支持等行业。

三、问卷的分析与处理

本书运用 SPSS 17.0 研究方法，分析了调查问卷中收集到的所有数据因子，具体处理结果，如表 5－3、表 5－4、表 5－5 所示。

表 5－3　因子分析方差解释

成分	初始特征值			提取平方和载入			旋转平方和载入		
	合计	方差的%	累积%	合计	方差的%	累积%	合计	方差的%	累积%
1	11.468	34.752	34.752	11.468	34.752	34.752	9.998	30.297	30.297
2	8.308	25.176	59.927	8.308	25.176	59.927	9.426	28.565	58.862
3	3.915	11.864	71.791	3.915	11.864	71.791	4.015	12.167	71.029
4	1.213	3.677	75.468	1.213	3.677	75.468	1.465	4.439	75.468
5	0.883	2.675	78.143						
6	0.617	1.869	80.011						
7	0.539	1.634	81.646						
8	0.490	1.484	83.130						

续表

成分	初始特征值			提取平方和载入			旋转平方和载入		
	合计	方差的%	累积%	合计	方差的%	累积%	合计	方差的%	累积%
9	0. 447	1. 355	84. 485						
10	0. 407	1. 233	85. 718						
11	0. 401	1. 215	86. 933						
12	0. 370	1. 120	88. 053						
13	0. 366	1. 108	89. 161						
14	0. 327	0. 991	90. 152						
15	0. 290	0. 878	91. 030						
16	0. 284	0. 862	91. 892						
17	0. 277	0. 839	92. 731						
18	0. 261	0. 792	93. 523						
19	0. 241	0. 731	94. 254						
20	0. 224	0. 679	94. 933						
21	0. 203	0. 616	95. 549						
22	0. 193	0. 585	96. 134						
23	0. 191	0. 578	96. 711						
24	0. 169	0. 513	97. 224						
25	0. 158	0. 480	97. 704						
26	0. 140	0. 424	98. 128						
27	0. 136	0. 413	98. 540						
28	0. 133	0. 403	98. 944						
29	0. 112	0. 339	99. 282						
30	0. 098	0. 297	99. 580						
31	0. 059	0. 178	99. 758						
32	0. 044	0. 132	99. 889						
33	0. 036	0. 111	100. 000						

提取方法：主成分分析。

表 5 – 4　　旋转后的因子提取结果

变量	成分			
	1	2	3	4
Q1	0. 865	0. 046	0. 031	0. 211
Q2	0. 080	0. 011	0. 790	0. 139
Q3	–0. 143	0. 635	0. 076	0. 279
Q4	0. 820	–0. 121	–0. 002	0. 471
Q5	0. 020	0. 025	0. 887	–0. 076
Q6	0. 050	0. 031	0. 929	0. 021
Q7	0. 788	0. 084	0. 000	0. 188
Q8	0. 894	0. 074	0. 027	0. 064
Q9	0. 286	0. 744	0. 062	–0. 307
Q10	0. 088	0. 037	0. 850	–0. 019
Q11	0. 122	0. 819	0. 084	–0. 015
Q12	0. 833	0. 158	0. 095	0. 025
Q13	0. 076	0. 856	0. 026	–0. 013
Q14	0. 823	0. 025	0. 027	0. 102
Q15	0. 121	0. 838	0. 033	–0. 041
Q16	0. 125	0. 869	0. 053	–0. 086
Q17	0. 796	0. 090	0. 040	0. 090
Q18	0. 074	0. 011	0. 976	–0. 015
Q19	0. 122	0. 794	0. 006	–0. 012
Q20	0. 023	0. 865	–0. 025	–0. 023
Q21	0. 727	–0. 137	–0. 023	0. 594
Q22	0. 041	0. 877	–0. 024	0. 028
Q23	0. 438	–0. 021	0. 067	0. 718
Q24	0. 819	0. 148	0. 040	–0. 060
Q25	0. 746	0. 149	0. 020	–0. 169
Q26	0. 056	0. 923	0. 011	–0. 026
Q27	0. 839	0. 066	0. 088	–0. 011
Q28	0. 062	0. 902	0. 003	–0. 017

续表

变量	成分			
	1	2	3	4
Q29	0.064	0.899	-0.003	0.022
Q30	0.930	0.218	0.051	-0.119
Q31	0.860	0.029	0.059	-0.024
Q32	0.029	0.895	-0.063	-0.008
Q33	0.832	0.032	0.071	0.112

表 5-5　　因子得分信息

变量	成分			
	1	2	3	4
Q1	0.078	-0.005	-0.008	0.072
Q2	-0.022	0.002	0.199	0.106
Q3	-0.066	0.089	0.020	0.273
Q4	0.048	-0.009	-0.014	0.277
Q5	-0.007	-0.007	0.224	-0.058
Q6	-0.015	-0.002	0.234	0.017
Q7	0.071	0.000	-0.015	0.064
Q8	0.098	-0.010	-0.011	-0.048
Q9	0.051	0.060	0.005	-0.241
Q10	-0.004	-0.004	0.213	-0.020
Q11	-0.005	0.088	0.014	0.017
Q12	0.092	-0.002	0.007	-0.068
Q13	-0.011	0.094	0.000	0.025
Q14	0.087	-0.012	-0.009	-0.012
Q15	-0.002	0.089	0.001	-0.003
Q16	0.003	0.090	0.006	-0.038
Q17	0.083	-0.005	-0.005	-0.015
Q18	-0.008	-0.007	0.245	-0.016
Q19	-0.003	0.086	-0.005	0.017

续表

变量	成分			
	1	2	3	4
Q20	-0.015	0.096	-0.012	0.023
Q21	0.023	-0.002	-0.017	0.385
Q22	-0.019	0.099	-0.012	0.063
Q23	-0.031	0.024	0.012	0.524
Q24	0.101	-0.006	-0.007	-0.135
Q25	0.105	-0.010	-0.011	-0.213
Q26	-0.013	0.101	-0.003	0.021
Q27	0.099	-0.014	0.006	-0.102
Q28	-0.012	0.099	-0.006	0.026
Q29	-0.017	0.101	-0.007	0.057
Q30	0.120	-0.004	-0.007	-0.191
Q31	0.105	-0.019	-0.002	-0.117
Q32	-0.016	0.100	-0.021	0.036
Q33	0.085	-0.011	0.002	-0.004

表5-5是基于因子分析方法提取到的公因子，解释样本方差的特征值、正交旋转后各方差在总方差中所占的比例。根据表5-5中的数据显示，我们可以看出：前四个公因子表现出来的特征值分别为9.998、9.426、4.015、1.465，都不小于1，且这四个公因子累计得到的方差贡献率是75.468%，这就说明了，利用这四个公因子，就可以将33个变量中存在的数据特征反映出来，因此，可以把这33个变量转变为4个变量。

表5-6运用方差最大化正交旋转方法，计算出了两个提取出来的公因子负荷系数，根据表5-6中的数据，我们可以看出：其中的第一个因子对Q1、Q4、Q7、Q8、Q12、Q14、Q17、Q24、Q25、Q27、Q30、Q31、Q33有绝对值较大的负荷系数，根据量表及调查的实际情况，将此公因子命名为效率边界；第二个因子对

Q2、Q5、Q6、Q10、Q18 有绝对值较大的负荷系数，根据量表及调查的实际情况，将此公因子命名为权力边界；第三个因子对 Q3、Q9、Q11、Q13、Q15、Q16、Q19、Q20、Q22、Q26、Q28、Q29、Q32 有绝对值较大的负荷系数，根据量表及调查的实际情况，将此公因子命名为能力边界；第四个因子对 Q21、Q23 有绝对值较大的负荷系数，根据量表及调查的实际情况，将此公因子命名为身份边界；并分别用 F_1、F_2、F_3、F_4 表示。

表 5 - 6　　聚合效度与信度检验数值

构念	观测项	因子负荷	Cronbach's α	平均方差提取
产业层面	IL_1	0.84	0.84	0.74
	IL_2	0.92		
	IL_3	0.90		
企业层面	EL_1	0.75	0.82	0.70
	EL_2	0.87		
	EL_3	0.76		
交易层面	TL_1	0.74	0.86	0.69
	TL_2	0.79		
	TL_3	0.81		
成员满意水平	MS_1	0.82；0.81	0.85；0.88	0.69；0.76
	MS_2	0.76；0.85		
	MS_3	0.85；0.80		

四、企业边界的测量模型

根据表 5 - 5 中的相关数据，计算出两个提取出来的公因子权重分别为：

第一个因子 F_1 的权重 = 30.297/75.468 ≈ 0.401

第二个因子 F_2 的权重 = 28.565/75.468 ≈ 0.379

第三个因子 F_1 的权重 = 12.167/75.468 ≈ 0.161

第四个因子 F_2 的权重 $=4.439/75.468\approx0.059$

分析公因子的权重，得出了企业边界的测量模型为：

$$企业边界\ E=0.401F_1+0.379F_2+0.161F_3+0.059F_4 \quad (5-1)$$

第三节　影响跨国公司企业边界的因素分析

如前所述，无论是从理论层面，还是从实践层面来看，能力和交易都是决定企业边界的两大因素。影响企业能力和交易成本的因素有很多，对于跨国公司而言，其边界会随着外部环境的发展而产生变化。这有利于从战略视角研究企业的边界，并了解到企业各因素之间产生相互作用的机理，从而引导边界朝着企业预期的方向发展，促使企业战略目标的实现。总而言之，有不少学者开始从产业、企业以及交易等层面，分析这些因素给企业边界造成的影响。

一、产业层面对企业边界的影响因素

（一）产业结构

迪茨维亚尔（Diez-vial，2007）从产业结构出发，研究其对企业边界的主要影响。他认为，产业结构主要是通过分析市场集中度，为企业边界的确定提供战略理论。企业在生产与经营过程中，为了提高市场竞争优势，从而占据最大化的市场份额，就会根据产业结构来确定边界。具体而言，也就是当产业结构出现高度集中状况的时候，企业面临的是寡头垄断的市场形势，此时，就应该采取纵向分解的发展战略，适当收缩企业边界，防止被强大的对手所吞噬。当企业预期产业集中度呈现大幅下降趋势的时候，企业就可以乘势扩大边界，采取纵向一体化发展战略，适当增加企业经营成

本，增强市场竞争力，保持市场势力。

（二）技术创新

一直以来，技术创新都被学术界公认为引起企业边界变化的重要因素。技术创新不仅会使得企业边界具有不确定性，引起资产结构的变化，而且企业的交易成本和生产结构、水平造成很大的影响。企业的知识结构在遭遇技术创新的冲击之后，也会发生相应的变化，促使企业改变发展轨迹。沃尔特和维罗索（Wolter，Veloso，2008）在这种认识的基础上，建构起了外部技术创新对企业边界的影响框架。

沃尔特和维罗索（Wolter，Veloso，2008）在克拉克关于技术创新理论的基础上，对企业渐进式、激进式、模块化以及架构等几种创新模式进行考察，分析其对企业边界的影响。其中，渐进式和模块化创新模式，会增强技术的确定性，但是他们对企业原有能力产生影响的方式不同：渐进式创新模式，对提升企业原有能力具有促进作用；模块化创新模式对企业原有能力的影响具有颠覆性。激进式创新模式和架构式创新模式，对增加技术的不确定程度有一定的区别。激进式创新模式可能会完全改变企业的原有能力结构，而架构式创新模式对企业的原有能力结构的影响比较轻微。性质不同的技术创新模式，给企业原有能力体系造成的不确定影响程度也不尽相同。企业的边界会在外部不同性质技术创新模式的影响下而发生变化。沃尔特和维罗索（Wolter，Veloso，2008）提出，第一，渐进式创新模式对企业纵向分解战略和一体化发展战略，不会造成很大的影响，从而对企业边界的影响也不太显著；第二，模块化和激进式创新模式，对企业纵向分解战略和一体化发展战略造成的影响很大，从而引发企业边界出现不明确变动的现象；第三，架构创新模式给企业纵向分解战略造成的影响不大，但却极大地影响了一体化倾销策略，最终会致使企业边界出现外扩现象。奥弗尔（Afuah，2001）对计算机技术研发商进行考察，发现简化指令计算机技术，会对企业的纵向一体化战略产生重大影响。

20 世纪 90 年代以来，信息技术的发展速度不断加快，并逐渐发展成为技术领域的引领者。在信息技术发展的同时，出现了大量研究信息技术对企业边界影响的学者。例如，希特（Hitt，1999）搜集了 549 家大企业近八年的数据，分析信息技术对企业一体化战略造成的影响，他的研究结果显示，企业投入的信息技术越多，对一体化战略的使用程度越低。但遗憾的是，希特没有从理论层面进一步解释这个结果。奥弗尔（Afuah，2003）基于信息技术理论，弥补了希特研究中的缺憾，他认为企业边界的决定因素是交易成本，并制作了理论分析框架。戴维特和琼斯（Dewett，Jones，2001）指出，借助信息技术的信息以及协同效应，能够实现交易成本的有效节约，驱使企业开展外购业务，促使企业收缩边界。

二、企业层面对企业边界的影响因素

生产组织边界是企业边界的主要组成部分，因此，生产组织变动将直接影响企业组织边界，进而引起企业边界的变化，这是跨国公司选择垂直一体化还是选择垂直专业化的决策依据。生产组织对企业边界的影响，主要体现在产品生命周期、信息不对称、产销模式和产业组织裂变等方面，即从四个不同方面影响企业边界，从而使跨国公司作出不同的决策模式。

（一）需解决问题的性质

尼克森和辛格尔（Nickerson，Zenger，2004）基于问题解决角度，提出了企业的发展知识观理论。他们认为，企业要将创造有价值的知识理论，当作首要发展目标。新知识的创新需要经历一个漫长的过程，在新知识理论成型之前，企业需要借助特定的方式解决问题，同时在解决问题的过程中发现新知识。企业的实质，就是在解决特定问题的过程中，实现知识的转化与创造。马修以这种观点为基础，将美国半导体产业作为研究对象，分析在哪些问题的解决过程中，企业发挥的作用比市场大。他在分析不同问题解决特征的时候，使用了两个维度：结构化程度及其复杂性。结构化问题的初始状态、构成要素以及解决思路都比较清晰明了，可以初步判断最终的结果，据此安排会议流程；融入环境中的非结构化问题，不具备清晰明了的解决，也无法成功地预测到结果，引发产品滞销等问题。实践证明，在解决结构化问题的过程中，市场发挥的作用比企业大；而在非结构化问题的解决过程中，企业发挥的作用要比市场大。构成复杂问题的要素往往有很多，在解决复杂问题的时候，需要借助认知水平的力量。相对而言，构成简单问题的要素比较少，在认知水平不高的情况下，容易出现误判结果的现象。实践结果表明，企业在解决复杂问题的过程中，发挥的作用比市场大，而在解决简单问题的过程中，则市场比企业发挥的作用更大。马修和博尔纳（Macher，Boerner，2012）针对美国一家生物制药产业展开进一步的实证研究，他们发现，在非结构化问题的解决过程中，企业在技术领域积累到相关经验，有助于增强企业相对于市场的效率优势。

（二）企业的专业化技能

帕尔米贾尼和米切尔（Parmigiani，Mitchell，2009）针对企业掌握的专业技能展开研究，分析其对企业边界造成的影响。基于以往学者的做法，他们将企业边界的决定因素定位于自营以及外包。帕尔米贾尼和米切尔认为，专业化技能有两种：一种是企业与供应商之间，为生产互补产品而使用的专业化技能；另一种是企业内部生产互补产品而使用的专业化技能。他们针对北美洲的 110 家金属制品企业展开问卷调查，发现企业间的专业化技能以及企业内部使用的专业化技能，都会趋向企业开展并实行外包的经营方式。也就是说，无论使用这两种专业化技能中的哪一种，都会引发企业做出收缩边界的行为。

（三）企业的关系网络

格兰诺维特（Granovetter，1985）认为，企业的发展离不开社会，因此企业存在于社会关系网络中，并且借助这种关系网络接近或获取更多的社会资源。关系网络在给企业带来众多发展机遇的同时，也给企业边界造成很大的影响。杨（Yang，2010）等专门研究了此项内容。他们借助网络地位和“结构洞”两个网络特征变量展开研究发现：第一，拥有较高网络地位的企业，可以借助其地位优势，有效地识别合作机会，并做好资源成本的控制工作。这些企业一般都会选择与网络成员之间建立联盟关系，而不会采取并购网络成员的措施。第二，当企业处于网络“结构洞”位置的时候，由于拥有“结构洞”的桥接作用，所以在信息上比其他网络成员更具优势。一方面，为了实现信息资源的最大化利用；另一方面，由于“结构洞”位置容易受到侵蚀而发生变化，所以企业的发展机遇有限，大多数企业都会抓住这一机会，试图并购网络成员，并从中获取最大的经济利益。杨等基于上述理论观点展开实证研究，并借助事件分析法分析了发生在美国计算机产业中的数百宗联盟事件和几十宗并购事件，得到了预期的结果。

三、交易层面对企业边界的影响因素

1985 年，威廉姆森基于企业交易层面，最先提出了影响企业交易成本和交易结构的因素，并将企业边界的影响要素确定为：资产的专用性、不确定性和交易的频率。后续有学者，借助实证研究方法，对威廉姆森的观点进行验证。例如，米勒（Miller，2003）从资产专用性以及不确定性角度，分析其对企业边界造成的主要影响，发现威廉姆森的理论观点具有很强的权威性，资产的专用性和交易的不确定性，都会使企业趋向一体化行为；资产专用性和交易不确定性越高的时候，纵向一体化行为的表现则越具体。迪茨—维亚尔（Diez-vial，2007）通过研究也验证了这一观点的科学性，他还发现，在开展交易的过程中，倘若出现计量问题，企业也会选择纵向一体化战略。

第四节 跨国公司企业边界影响因素的实证研究

一、模型假设

如前所述，跨国公司企业边界是可以被测量的；企业边界可以分为：效率、权利、能力以及身份边界几种类型；跨国企业边界受产业层面、企业层面以及交易层面诸多因素的影响。因此，本书以企业边界为研究对象，提出本章的相关理论假设。

H1：产业特征对企业边界有显著正影响；

H2：企业特征对企业边界有显著正影响；

H3：交易特征对企业边界有显著正影响。

二、研究方法

生产组织边界是企业边界的主要组成部分，因此，生产组织变动将直接影响企业组织边界，进而引起企业边界的变化，这是跨国公司选择垂直一体化还是选择垂直专业化的决策依据。生产组织对企业边界的影响，主要体现在产品生命周期、信息不对称、产销模式和产业组织裂变等方面，即从四个不同方面影响企业边界，从而使跨国公司作出不同的决策模式。

（一）样本和数据收集

基于问卷调查形式并通过数据分析，针对跨国公司高管层展开研究。调查采用现场走访与网上问卷结合的方式进行，填写问卷的对象是各个企业的高层管理人员，湖北省总工会对本次调查给予了大力支持，增强了本次调查结果的可靠性。本次调查一共发放了260份问卷，最后回收了问卷253份，其中有效问卷250份，回收率大致为96.15%。针对企业人员展开的问卷调查，这种回收率是有效的，可以被接受和认可。

本次调查问卷一共分为三部分：第一部分对统计信息进行了系统性描述；第二部分借助了7点李克特量表工具，（1表示完全不同意调查问卷中的说法，7表示完全同意调查问卷中的说法）测度了假设模型中的各种构念。

笔者在发放本次问卷样本之前，首先向业界专业人士了解了相关情况，确保调查问卷中的问题能够被清晰地描述出来，不产生歧义；本次问卷安排的问题，可以在15分钟内完成；问卷中没有涉及令人反感的问题，例如，个人隐私、企业机密，等等。

（二）测度项

本章在已有文献的基础上，选择变量的测度项，同时，结合中国国情，将研究的对象定位于测度问题所描述的变量。此外，由于本章的测度项都选自西方文献，因此在研究过程中使用了回译方法，以确保问卷内容的真实性。

其中，产业层面的测度项有两个，分别包括：产业结构的集中度（IL_1）、技术创新的模式（IL_2）。企业层面的测度项有三个，分别包括：需解决问题的性质（EL_1）、企业专业化技能（EL_2）、企业的关系网络（EL_3）。交易层面的测度项有三个，分别包括：资产专用性（TL_1）、交易频率（TL_2）、不确定性（TL_3）。企业边界的测度项有四个，分别为前文所述的效率边界（EB_1）、权力边界（EB_2）、能力边界（EB_3）、身份边界（EB_4）。

来源于已有文献整合开发出的问卷，可以保证本章有较高的内容效度。

三、研究结果

（一）测量模型

本书借助了 GRAPH 3.0 统计分析工具——基于偏最小二乘法的结构方程模型，对问卷调查数据展开分析。该工具与传统估计的结构方程模型工具，有着很大的区别。PLS 方法对问卷数据产生的限制作用更弱，这使得既可以利用模型分析构成型变量，又可以分析反映型变量，同时，对残差分布、样本规模、变量独立性也不会产生很大的限制。因此，本章得出的结论可信度更高。本章涉及的变量有很多，如构成型变量、反映型变量等。这些变量的存在，决定了本章需要借助基于偏最小二乘法的结构方程模型来展开分析。

在表 5 - 6 中，给出了本次研究中两个样本的 Cronbach's α、因子负荷以及平均方差提取数值。根据表 5 - 6 中的数据，我们可以看出所有观测到的变量因子负荷，都不低于推荐标准 0.7；而所有的构念平均方差提取数值，也不低于推荐标准 0.5，这个结果也正好验证了本章中提到的聚合效度。所有构念的 Cronbach's α 数值，都不低于 0.8，这点也对本章信度进行了很好的验证。

在表 5 - 7 中，给出了两个样本构念在协方差、平均方差提取方面的差别，并进行对比分析。根据表 5 - 7 中的数值，我们可以看出，每一个构念的平均方差提取数值，与其他任何一个概念的协方差都存在差别，该结果恰好验证了本章中涉及的区分效度。

表 5 - 7　区分效度检验数值

	EC	CO	TR	SA
产业层面（IL）	0.74			
企业层面（EL）	0.26	0.70		

续表

	EC	CO	TR	SA
交易层面（TL）	0.31	0.15	0.69	
企业边界（EB）	0.19	0.11	0.23	0.69

（二）结构模型

借助 GRAPH 3.0 工具，分析销售类和制造供应类企业样本，并按照研究模型估算相关路径系数，具体如图 5－1 所示（其中，“＊”表示 p 低于 0.05；“＊＊”表示 p 低于 0.01）。

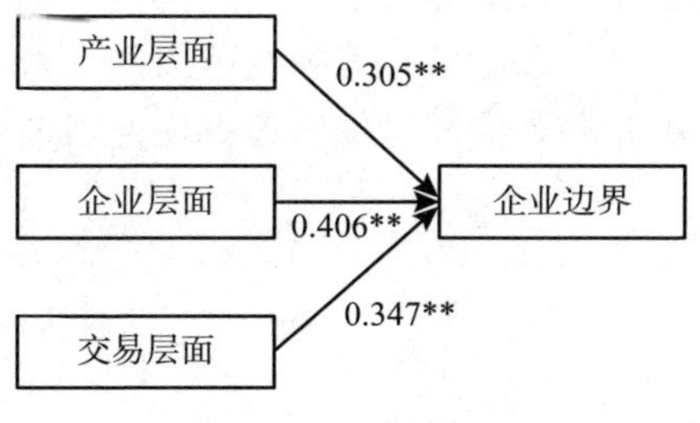

图 5－1　研究结果

由于本章都是通过问卷调查方式收集数据，所以还需要对本章的数据进行检测，确保其在共同方法上不存在显著的偏差。本章在检验数据共同方法中是否存在偏差的时候，使用了 Harman 单因素方法，即通过因子分析法，检测所有测度项中的第一个因子，在此分析过程中，将自变量因子加入模型研究内容中，发现之前存在的各路径系数均没有发生显著性的变化，而 R^2 数值，供应链市场竞争中的最终因变量，在销售类企业和供应类企业的数据中均只增加了大约 1% 的比例，表示使用共同方法偏差，解释本章中的因变量数据中存在 1% 变异的现象，共同方法偏差在本章中所发挥的作用并不是很明显。

根据分析结果可知，所有研究假设都已被验证，即产业特征、企业特征、交易特征均正向影响企业边界。

在过去的经济研究文献中，对企业边界的分析主要集中在交易成本上，并在交易成本分析的基础上讨论了企业生产组织边界问题。本章在上述文献的基础上，从战略的角度分析了企业边界实质、表现形式以及影响企业边界的产业层面、企业层面及交易层面的诸多因素，并用实证的方法验证了产业特征、企业特征及交易特征对企业边界的正向显著影响。

研究企业边界本身并不是本书最终的目的，而是通过企业边界的研究，为中国企业承接跨国公司外包业务提供依据，也为中国企业向外扩张和发展战略联盟提供依据。更为重要的是，在全球经济一体化的环境中，如何组建具有国际竞争力的产业集群，使中国产业在国际分工体系中占据优势地位而提供理论依据。

第六章

垂直专业化条件下纵向分离模式

在全球经济飞速发展的同时，国际经济格局也开始发生变化，传统的国际贸易形式被打破，国际投资的性质也发生了相应的变化，国际分工链随之诞生。其中，变化最大的要数国家之间在生产过程中的联系度。在新的市场经济形势下，中间产品贸易的发展速度不断加快，许多跨越国家界限发展的垂直型贸易投资形式不断诞生，原本高度集中的商品生产过程，开始向多个连续生产阶段延伸，专业化分工日益明显，每个国家只负责生产产品的某部分零件或负责完成产品的某部分加工环节，国际分工与合作的生产模式，在企业内部的产品生产过程中被大量使用。

国际生产网络作为一种新的生产组织范式，在全球不断兴起与发展，给世界经济结构以及中国经济的发展带来了重大影响。站在国际视野来看，新生产组织范式的诞生，推动了全球贸易形式和直接投资方式的变革活动。同时，世界经济的结构也发生了变化，国际贸易市场逐渐被跨国公司的直接投资以及非股权契约活动所占据，跨国公司成为推动世界经济快速增长的根本动力。

第一节　纵向分离的特征及其表现形式

自20世纪末以来，科学技术革命的发展速度不断加快，给企业的发展环境带来了很大的变化，具体表现为：零部件生产逐渐标准化、半成品模块生产逐渐占据供应商市场、市场供应与需求呈现不确定特征、产品更新换代速度加快，产品使用周期越来越短。在新的形势下，很多传统企业被大型跨国公司所替代，传统企业纵向一体化战略的发展路径越来越窄。为了促使企业的经营活动更加灵活、主动，很多国家的汽车、通信等跨国公司，开始对原有产业进行调整，将利润率不高的产品生产环节外包给其他企业，将主要精力集中于本企业的核心领域，注重增强企业的核心竞争力，从而占据更广阔的市场。跨国公司的生产链条纵向分离作为经济发展中的一种新现象随之诞生。跨国公司纵向分离，是指企业将内部纵向链条上原有的部分生产环节分离出去，或者将价值链体系撤离出某个生产阶段，开始使用外部供应商提供的部分产品或服务。可以从三个方面理解跨国公司纵向分离这个概念：企业的边界由现实向虚拟方向转变；企业逐渐建立起网络组织结构的过程；企业开展专业化生产模式的过程。

一、概念与内涵的界定

（一）纵向分离的内涵

虽然不同学者对纵向分离的定义持有不同的见解，但是，他们在理解纵向分离基本内涵的时候，展现出较为一致的态度。他们普遍认为，纵向分离的发展方向与纵向一体化方向相反，企业将内部纵向链条上原有的部分生产环节分离出去，或者将价值链体系撤离出某个生产阶段，开始使用外部供应商提供的部分产品或服务。也有学者将纵向一体化向分离发展的过程，当成企业的外包选择。由此可见，“纵向分离”是指，企业将原本是纵向一体化的工序或部门分离出去的动态过程，将企业边界纵向缩小、横向扩大的趋势反映出来了。“外包”是纵向分离的主要组织形式，即企业按照合同相关规定，将企业内部的一些项目或服务外包给其他企业。

（二）纵向分离的特征

在20世纪前半期，纵向一体化一直是跨国公司生产组织的主要形式。20世纪后期，人类开始进入新经济时代，并广泛应用信息技术。个人的需求、企业面临的经济市场、社会环境，在新形势下都发生了很大的变化。在新的经济环境面前，企业开始采取措施改善原有的组织结构，推动大规模生产型的组织形式向灵活化、适应性强的组织方向转变。许多跨国公司也纷纷舍弃原本的纵向一体化实施战略，开始将部分子公司剥离出去，并将企业内部的一些业务外包给其他生产商，将主要精力集中于本企业的核心领域，缩小纵向规模，重新界定企业边界，即纵向企业边界收缩，虚拟企业应运而生；横向企业边界扩张，战略联盟不断加强。将原有企业边界发展规律打破的过程，被称为“纵向分离”，反映的是产业组织和发展战略在现代社会中的变化特征，学者们都乐于研究“纵向分离”。

二、纵向分离的外在表现形式

跨国公司纵向分离是指，在垂直一体化模式下，原本相互联系的生产环节，发展成为彼此独立的生产环节。跨国公司纵向分离的过程中，必须以系统的观念对整体网络组织的优化进行决策。对于公司内部生产链条的生产环节对外转移，无论是成立新的独立公司的方式，还是出售给其他公司的方式，跨国公司都将面临如何在传统的市场购买和自产之间实现最佳生产的模型选择。纵向分离的外在表现，可以是外包、外购、外协、代工、定牌生产和合同制造。其中，最主要的形式就是外包。

外包是指，寻找外部资源。外包作为新时代的发展产物，是一种全新的经营管理模式，具有整合专业化资源、降低生产成本、提高生产效率、增强核心竞争力的功能。从生产地域角度出发，产品分工组织形式包括两种类型：其一，国内生产分工，分为国内外包和垂直一体化两种模式；其二，国际生产分工，分为国际外包和垂直一体化两种模式。国际外包与跨国公司垂直分离在本质上是一致的，见图 6－1。

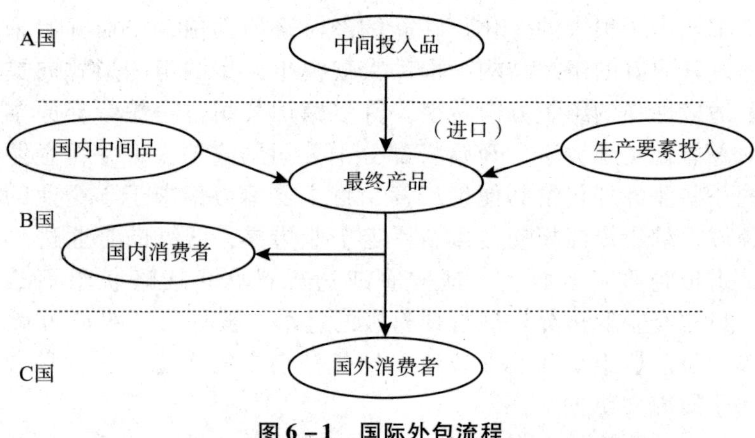

图 6－1　国际外包流程

按照发包方与承包方在地理位置上的不同，可以将外包分为：国内与国际两种形式。按照外包对象的不同，又可以将外包分为：制造与服务两种外包形式。在制造业外包形式中，主要包括计算机、汽车等两种程度较高的产业，实现了模块化的设计及生产。此外，对于产业链可分割性较强的公司，也倾向于选择外包。例如，美国耐克公司，自身只负责产品设计与产品销售环节，然后将不具备优势的生产环节，通过 Original Equipment Manufacturer（OEM）以及 Original Design Manufacturer（ODM）两种外包方式，转移到发展中国家。

第二节　跨国公司纵向分离与全球价值链

随着经济全球化速度的不断加快，在纵向分离和协调的基础上形成了全球的生产网络，使得不同国家和地区都出现了创造产品价值的环节，这给发展中国家提高自身的竞争力，融入全球价值链提供了很多的机遇。格里芬（Gereffi，1999）首次提出了全球商品链的概念，从此，“全球价值链”开始成为世界学者的研究焦点，广泛应用于全球经济和产业发展的研究问题中。

20 世纪 80 年代，哈佛大学迈克尔·波特首次提出了“价值链”的概念。波特（Porter，1985）在对企业的具体经济行为和市场竞争优势展开分析时提出，企业在创造价值的过程中，积极开展生产、销售、运输等基本活动以及原材料供应、技术服务、人力资源管理、财务管理等支持性活动。企业这些创造价值的活动之间是相互联系的，并构成了一条行为链条，即“价值链”。事实上，价值链不仅仅只存在于企业内部，在企业与企业之间，也存在相互联系的价值链，任何一个企业的价值链，都不可能脱离其他企业的价值链。企业之间通过价值链产生的关系，会直接影响企业的竞争优势。在跨国公司不断崛起的同时，国际分工新格局也日益明显，在此种形势下，价值体系逐渐发展成为全球性的价值链。

巴尼（Barney，1991）针对资源的使用现状指出，只有具备高价值、稀缺、不可替代与模仿特性的资源，才有助于企业创造竞争力，提升企业在市场经济中的占有率。当前，全球的生产网络呈现出明显的纵向分离和协调的特征，在新的形势面前，价值高、稀缺、不可模仿与替代的全球价值链形态，成为企业增强国际竞争力的主要工具。

一、全球价值链的驱动者地位

生产者与采购者成为趋动全球价值链发展的主要动力，因此全球价值链形成了两种类型：生产者驱动型以及采购者驱动型。其中，前者主要是指，生产者的投资行为可以推动市场发展，增加市场需求，促使全球生产供应链实施垂直分工体系。这些投资者既可以是实力雄厚、追求高经济利益的跨国公司，又可以是谋求地方经济发展的本国政府。产业资本是此类全球价值链的主要发展动力，而研发与生产能力则是企业核心能力的表现。企业借助这些能力，形成规模经济，降低生产成本，形成贸易壁垒。通常情况下，生产耐用消费品、资本商品的企业，会推动全球价值链朝着生产者驱动型方向发展，典型代表有中国的格兰仕电器。价值链驱动者本身具有很多优势，如研发成本低、产能高等。这些优势具有不可模仿与替代性，可以直接增加企业产品的附加值，其他企业在短时间内无法超越。而企业要想借助价值链的这些优势获得更大的发展，就需要增加前期的资金投入，并耐心等待转化期。同样，驱动型全球价值链的采购者，其发展动力来源于商业资本，设计灵感与较强的市场营销能力是他们核心能力的集中表现。在全球经济范围内，相对于其他类型的企业而言，生产非耐用品的产业，最有可能形成全球价值链，典型代表为沃尔玛公司。设计人员是企业设计理念和设计方法的主要来源，并且这些来源会受到设计者的设计习惯和自身文化习俗的影响，这些特性决定了其他企业很难在短时间内实现技术的成功模仿与替代。企业市场营销网络的形成需要经历一个漫长的发展过程，无论是设计者还是营销网络，对企业而言，都是宝贵的资源优势。

总而言之，价值高、稀缺、不可模仿与替代的全球价值链驱动者，是企业增强国际竞争力的主要工具。

二、全球价值链的治理类型

汉弗莱和斯密茨（Humprey，Schmitz，2001）提出，全球价值链理论的研究重点应该放在价值链的治理环节。当各行为主体处于一个连续、统一的系统中时，他们与市场之间已经产生了密切的联系，此时就需要协调与管理行为主体在价值链环境下开展的各种经济活动。行为主体的很多行为，会对价值链上的地位以及功能的发挥产生直接性的影响。在全球化背景下，市场机制弥补了垂直一体化战略中存在的不协调性。企业在参与全球性经济活动的过程中，会遇到诸多不确定因素，在此种情况下，企业领导者就应该根据市场经济形势作出科学、理性的贸易决定。在全球市场环境日益复杂的环境下，企业所面临的客户群体逐渐呈现出个性化发展的特征。这就决定了企业要对全球价值链进行治理，提高自身产品的性能，同时致力于打造高端复杂、具有个性化的产品。立足于增值角度而言，治理价值链的过程，实际上就是创造产品附加值的过程。在全球价值链治理的发展过程中，经过各行为主体之间的多次交易磨合，最终形成了协调功能。对于企业而言，价值链治理就是一种非常稀缺、宝贵的资源，在短时间内无法被其他企业模仿或替代。综上所述，全球价值链治理结构作为一种战略性资源，可以增强企业的市场竞争力，推动企业获得更大的发展。价值链治理结构有很多种类型，不同类型对企业国际竞争力产生的影响是不同的。在分析研究全球价值链治理模式的过程中，可以加深对价值链的了解，掌握其内部结构之间的关系，并立足于时间与空间视角，整体把握全球竞争的动态格局和利润分配局势，为政策制定者提供更多有用信息，帮助企业制定出更有价值的发展战略。

三、全球价值链的治理者

对价值链中的各个环节展开分析，是全球价值链理论的基本思路。具有战略性的价值环节，才能帮助企业创造更多的产品附加值。企业在发展过程中，应该熟练掌握全球价值链的治理结构，找到对企业发展具有促进作用的战略环节。在市场竞争日益激烈的当今社会，拥有较高市场、利润以及购买份额的企业，意味着拥有很强的核心技术，能够在强大的市场阵容面前，树立起自己的品牌优势，从而占据更加广阔的市场份额。作为全球价值链的治理者，他们了解价值链上的最大附加值，能够把握最佳战略环节。企业在这些环节中，可以将自身的很多先天优势通过努力发挥出来。由于战略环节具有持久性的特征，在短时间内不会陈旧、老化，所以，全球价值链中的“战略环节”，对于企业来说，是一种宝贵的战略性资源，可以增强企业的市场竞争力。

四、全球价值链下的产业集群

波特（Porter，2003）提出，所谓产业集群，主要是指人才之间相互靠近并相互扶持，在企业内部形成核心竞争力，以此增强企业在国际市场经济中的竞争力。在世界经济全球化的发展过程中，国际分工体系逐渐形成，并开始出现一条完全的全球价值链，分散于世界各地的生产商，通过这条价值链产生关系。这些被分离出去的价值链片断，在地域上体现出高度集中的特征，如中小型纺织品加工厂在中国的“长三角”地区大量聚集。我们从中可以看出，各行各业在地理位置的集中，既加强了彼此之间的沟通交流程度，又加剧了行业内的竞争。在这种环境下，企业能够从其他企业中学习到先进的技术和管理理念，形成优势互补的局面，促使企业开拓创新，专业人才队伍不断扩大，从而提升企业的技术研发力量，并在企业内部形成良好的自我激励机制。产业集群效应是在各种因素的交互作用下形成的，融合了行业内部的各种优势，有利于提升整个行业的国际竞争优势，并且这种优势具有持续性特征，其他地区在短时间内难以成功地模仿与替代。2003 年，迈克尔·波特提出，处于良好运作状态的产业群，有望向发达经济体迈进。

第三节　跨国公司纵向分离的实现模式

从最终的结果来看，跨国公司成功实现纵向分离，要历经企业内部原本相互联系的生产环节转而发展成为彼此独立运作环节的过程。站在更加宏观的角度来看，除了上述内容以外，跨国公司的纵向分离还具体表现在企业业务拓展环节。企业针对新的发展形势，开始调整自己的发展策略，并站在全新的思维角度，审视公司在整个生产链中所处的位置，以便布置出更好的发展格局。企业将内部的部分生产环节转移出去，将原本完整的生产链拆分成多个相互独立的链条，是使用全新管理模式的重大体现。在这种模式下，企业还可以借助出售的方式，将内部的部分生产环节转让给其他专业化的企业。使用第一种方式的有通用公司；使用第二种方式的有苹果公司。无论跨国公司采用何种纵向分离的方式，都需要以提高生产率为出发点。跨国公司采用的纵向分离方式，大致包括以下几种：

一、战略性外包

纵向分离化跨国公司与一体化跨国公司的生产状态有所区别。例如，实施一体化的跨国公司在内部形成了一条完整的生产链，所有生产环节都在企业内部完成而实施纵向分离化的跨国公司，打破了原有生产链的完整性，开始将企业内部的部分生产环节转让或出售给其他企业。实施纵向分离模式下的企业，其内部生产环节有了一定的变化，但这种变化只停留于表面，原有的产品生产流程保留了下来，从原材料供应到原材料生产与加工到中间产品的制造、再到产品的包装与出售环节。跨国公司在实施纵向分离模式之后，仅仅将生产链条中的核心环节保留了下来，但这些环节与其他企业之间有着密切的联系。企业需要从上游企业获取生产原材料，同时要将所生产出来的产品出售给下游企业。很多企业在实施纵向分离战略的过程中，常常会为了保证生产环节的连续性，而尽可能保留自身的核心业务，以维持企业的核心竞争力，同时将部分劣势环节外包给其他企业。业务原属企业与承接业务企业之间有着长期的合作关系，它们需要共同完成产品生产的各个环节，并生产出完整的商品。这个过程比较漫长，跨国公司在实行纵向分离化生产模式的过程中，就是使用这种战略性外包策略。

二、虚拟组织

20 世纪末以来，科学技术的发展步伐不断加快，网络经济随之诞生，人类开始从工业社会迈向信息化社会，一种新的设计模式逐渐兴起——虚拟组织。此处的虚拟组织主要是指，在信息技术基础上发展而来的动态网络组织。该组织将原材料供应商、产品生产商、顾客联结在一起，形成信息技术共享平台，共同分担生产成本，产生组织合作效应。虚拟组织没有固定的存在空间和发展时间，因此具有很强的松散性。虚拟组织通常是由核心企业联合其他不同优势的企业组成。其优点主要体现于，它可以帮助企业发现自身的不足之处，并促使企业从外部寻找资源满足发展需求。企业通过虚拟组织，可以将自身的非核心生产环节外包给虚拟组织中的专业性生产商，以此强化核心竞争力，有效地应对日益激烈的市场竞争。

虚拟组织本身并不等同于企业法人，也不具备固定组织内部健全的命令系统。虚拟组织是市场经济发展到某一阶段的特定产物。例如，当规模较大的企业，无法通过自身的力量完成整个产品生产环节的时候，就需要联合多家企业共同完成，在此过程就会形成一个组织，组织内的各个企业充分发挥自身的优势，承担整体项目中的某个生产环节，当生产目标完成以后，该组织就会自动解散。伴随着新技术革命的展开，消费者的需求层次不断增加，消费品更新换代的速度也越来越快。在现代社会，日常生活用品在产业结构中占据了最大的比例。在短期任务的趋势下而诞生的临时性虚拟组织，在不断发展的经济形势面前，其社会地位日益上升。在新的发展形势下，各大企业开始加大了对虚拟组织的重视程度，纷纷利用该组织的功能，完成各种短期任务。企业借助虚拟组织的力量，调整发展战略和发展方向。这些在团队组织推动下形成的虚拟组织，已经成为跨国公司设计企业边界以及确定生产流程的重要依据。

三、战略联盟

战略联盟是指，相同的行业向市场提供相同或替代产品（服务）的企业所形成的合作关系（Dussauge，2000）。竞争与合作这对矛盾运动，使得战略联盟具有不稳定性。由竞争对手组建的联盟，合作者期望借助伙伴间相似或互补的资源能力，创造协同规模效应，以进一步提高技术创新效率，增强市场进入能力，提升行业利润水平等绩效。为此，合作伙伴需要协调合作与竞争这一对矛盾，平衡绩效与风险之间的关系。

四、产业集群

在特定的环境下，企业为了生产某一产品，会加强彼此之间的合作，从而形成产业群。从地理位置上看，产业集群作为一种新的经济组织形式，是由相互关联企业组成的群体性组织。例如，原材料供应商、专业产品生产商、服务供应商以及其他相关厂商等。不同的产业集群，在深度以及复杂度上都存在差异。产业集群与一般产业有着很大区别，如产业集群的范围要比一般产业大；在特定地理空间，由多个产业、多种类型的机构联合形成的共生体，比一般企业更具区域特色和市场竞争优势。当前，学者们纷纷从经济学角度，对产业集群的发展状况、某个区域产业群的发展水平展开研究。

站在产业以及产品的结构角度分析，产业集群的形成过程，实质上就是产业链的延伸、产品结构的优化升级与调整过程。基于产业组织结构来看，产业集群实际上是在发展某个区域内企业或集团的纵向一体化战略。将产业结构与组织相结合，我们可以发现，产业集群的实质是指众多产业聚集在一个地方。简单而言，就是说一些产业聚集在某个地区形成的产业链。产业的高度集中，是产业集群的主要特征以及核心发展理念。在产业集群内，企业之间可以形成优势互补，从而实现降低企业生产与制造成本的目标，达到规模效益，增强企业的市场竞争力，推动企业获得更大的经济效益。从微观角度或者单个企业的发展角度分析产业集群，可以得知，企业实施纵向一体化发展战略，可以最大化地降低生产与交易费用，真正实现低成本交易。企业借助纵向一体化发展战略，加强对企业生产经营活动的控制力度，从而稳定生产与销售环节；在纵向一体化战略形势下实施的经济行为，有助于降低企业生产成本，增强产品销售、价格等方面的市场竞争优势，帮助企业打破贸易壁垒；借助纵向一体化战略，企业还可以成功地提高对市场信息的敏感度，促使企业有精力和能力发展高新技术产业，从而有效地增加企业的经营利润。

第四节　企业边界对纵向分离模式选择的实证研究

一、理论模型的构建及理论假说

（一）效率边界对纵向分离模式选择的影响

效率边界在内涵上比较接近规模边界，这个边界概念更适用于回答交易应该在企业内部还是通过外部市场来完成这个问题（Santos，Eisenhardt，2005）。因此，从效率的角度看，确定组织边界实际上就是确定交易是在组织内部还是外部市场完成。从结果上看，跨国公司的纵向分离表现为垂直一体化相互联系的各个生产环节变成了彼此独立企业间的生产联系。跨国公司纵向分离的过程中，必须以系统的观念对整体网络组织的优化进行决策。对于公司内部生产链条的生产环节对外转移，无论是成立新的独立公司的方式，或是出售给其他公司的方式，跨国公司都将面临如何在传统的市场购买和自产之间实现最佳生产的模型选择。显然，企业效率边界的大小，直接决定了企业是在传统市场购买还是自产的决策，进而影响纵向分离模式的选择。因此，本书提出如下假说：

H1a：企业效率边界正向企业选择产业集群模式有显著的正向影响。

H1b：企业效率边界正向企业选择业务外包模式有显著的正向影响。

H1c：企业效率边界正向企业选择虚拟组织模式有显著的正向影响。

H1d：企业效率边界正向企业选择战略联盟模式有显著的正向影响。

（二）权力边界对纵向分离模式选择的影响

权力边界这一概念源自资源依赖理论，可以反映一个企业对其外部环境的影响范畴。组织被认为是一种旨在降低不确定性和发挥权力作用的制度设计（Preffer，Salancik，1978），它的边界应该位于组织对外部资源最具控制力的那个点上（Davis，Powell，1992）。企业的权力边界有明显的弹性，企业可以通过多个途径来获取关键性资源、除自制或者内部化以外，还可以采用战略联盟等松散耦合型合作方式。权力边界是动态变化的，企业可以通过调整权力边界来制定和实施不同战略。具体而言，企业既可以通过扩大权力范围来巩固或提高自己的市场地位，减少对单个市场的依赖，又能通过收缩权力范围来集中精力增强核心竞争力（Pfeffer，Salancik，1978）。由此，本书提出如下假说：

H2a：企业权力边界正向企业选择产业集群模式有显著的正向影响。

H2b：企业权力边界正向企业选择业务外包模式有显著的正向影响。

H2c：企业权力边界正向企业选择虚拟组织模式有显著的正向影响。

H2d：企业权力边界正向企业选择战略联盟模式有显著的正向影响。

（三）能力边界对纵向分离模式选择的影响

能力边界的概念，源自资源基础观和核心能力理论，因此，更加关注企业需要哪些关键性资源、必须掌握哪些核心能力等问题。基于战略视角的企业边界研究者最关注这种形式的企业边界。在他们看来，企业是特定有形资源和无形资源以及特殊能力的集合体，因此，企业因拥有不同的稀缺、独特、难以模仿、有价值的资源和能力而变得各不相同，并依靠这些资源和能力来构建可持续竞争优势和创造利润（Barney，1991）。企业应该根据自己的核心能力来安排生产经营活动，只完成属于自身核心能力范畴的活动，外包不属于自己核心能力范畴的活动（Pralahad，Hamel，1990）。由此可见，企业的能力边界应该按照企业资源或核心能力组合价值最大化的原则来确定。在企业的能力边界上，企业资源或核心能力组合价值达到最大，最有可能为企业赢得竞争优势。从能力角度看，企业边界实际上是由企业的资源或核心能力组合所决定的。由此，本书提出如下假说：

H3a：企业能力边界正向企业选择产业集群模式有显著的正向影响。

H3b：企业能力边界正向企业选择业务外包模式有显著的正向影响。

H3c：企业能力边界正向企业选择虚拟组织模式有显著的正向影响。

H3d：企业能力边界正向企业选择战略联盟模式有显著的正向影响。

（四）身份边界对纵向分离模式选择的影响

与前面几个把企业视为物质、技术系统的边界概念有所不同，身份边界概念把企业看作一个社会心理系统，更注重企业员工的社会心理特征，旨在回答“我们是谁”的问题（Santos，Eisenhardt，2005）。根据组织身份认同理论，组织可被定义为进行意义建构的社会情境（Weick，1995）。组织的身份边界，可以参照组织成员构建其组织身份的原则，从认知、情感和行为三个维度来界定（Ashforth，Male，1989）。一方面，组织清晰的身份边界，有助于组织成员通过明确组织特征和组织目标来感知自己的组织身份，从而减少管理模糊性和不确定性，简化和明晰组织与环境之间看似复杂的关系；另一方面，组织身份边界的确定，有助于组织成员产生心理归属感与组织依附感，认知、情感与行为的统一有利于减少组织成员的变动、强化组织支持行为的发生（Bogner，Barr，2000）。组织成员对身份越认同越不愿意从组织离开，即不支持组织进行纵向分离。由此，本书提出如下假说：

H4a：企业身份边界正向企业选择产业集群模式有显著的正向影响。

H4b：企业身份边界正向企业选择业务外包模式有显著的正向影响。

H4c：企业身份边界正向企业选择虚拟组织模式有显著的正向影响。

H4d：企业身份边界正向企业选择战略联盟模式有显著的正向影响。

综合以上假说，得到企业边界对纵向分离模式选择的影响的理论模型，见图6－2。

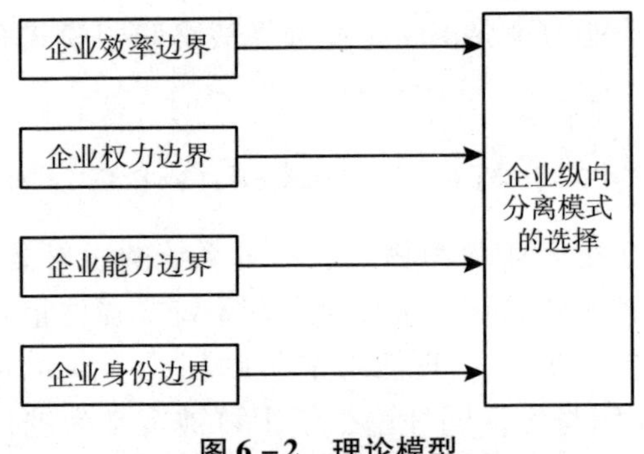

图6－2　理论模型

二、量表与样本及实证分析

本部分研究问卷，关于企业效率边界、权力边界、能力边界和身份边界的测量条目，以表5－1为准，企业纵向分离的四种模式的测量条目是根据已有文献，结合跨国公司的实际情况制定的，为保证测量量表的质量，对量表进行了预测试，根据预测试结果对量表中的题项进行了相应调整，得到各个变量的最终测量题项，并在此基础上形成了本部分的调查问卷。本部分的调查问卷和企业边界的测量及纵向分离模式影响因素的调查问卷属于同一张问卷，因此，调查对象及其特征与第四章所述内容一致。

（一）信度分析与效度分析

目前，学术界普遍采用 Cronbach's a 系数来检验数据的可靠性。一般情况下，Cronbach's a 系数大于 0.7 表明数据的可靠性较高。本书研究采用 SPSS 21.0 软件对数据进行信度分析，总体问卷数据信度的 Cronbach's a 系数为 0.770，并且各变量的内部信度 Cronbach's a 系数都大于 0.7（表略），因此，本书研究的数据信度较好，即有较好的可靠性或者一致性。

本书采用 AMOS 17.0 软件的验证性因子分析进行检验，纵向分离模式的选择作为模型的因变量，企业边界作为模型的自变量，分析中每个观测变量的权重视为相同，分析结果表明，各变量的 RMSEA 值、CFI 值、GFI 值、TLI 值都达到了模型拟合较好时的要求，并且每个潜在变量的内部可观测变量的估计系数都在 0.01 水平上显著，表明量表具有较好的结构效度。

（二）结果分析

用结构方程模型分析软件 Amos 17.0 分析企业边界对纵向分离模式选择的影响，结果显示，模型的拟合效果较好，各指数都在可接受的范围内。从系数的检验情况看：（1）企业效率边界显著影响企业对产业集群模式和业务外包模式的选择，即企业效率边界越大，企业更倾向于选择产业集群和业务外包两种纵向分离模式；（2）企业权力边界显著影响企业对虚拟组织的模式和战略联盟模式的选择，即企业权力边界越大，企业更倾向于选择虚拟组织和战略联盟两种纵向分离模式；（3）企业能力边界显著影响企业对产业集群模式、虚拟组织模式和战略联盟模式的选择，即企业能力边界越大，企业更倾向于选择产业集群、虚拟组织和战略联盟三种纵向分离模式；（4）企业身份边界对企业选择战略联盟模式有一定的影响，但不显著（见图6－3、表6－1）。

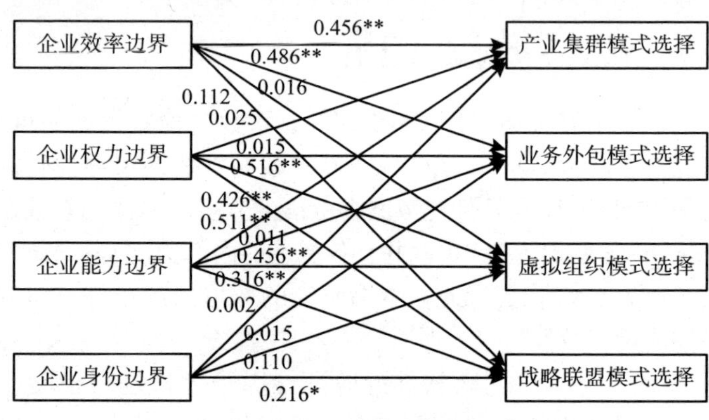

图6－3　实证分析结果

表6－1　假设检验

假设编号	检验结果
H1a	被支持
H1b	被支持
H1c	不支持
H1d	不支持
H2a	不支持
H2b	不支持
H2c	被支持
H2d	被支持
H3a	被支持
H3b	不支持

续表

假设编号	检验结果
H3c	被支持
H3d	被支持
H4a	不支持
H4b	不支持
H4c	不支持
H4d	支持

第七章

中国跨国公司垂直专业化发展的对策

当前，中国国民经济正处于转型阶段，特别是对外经济合作与贸易正处于升级换代时期，其突出表现在对外经济合作与自主创新并举的格局。在经济全球化与全球经济一体化并行的态势下，中国对外贸易企业正在加入全球经济一体化体系之中，其中，主要体现在跨国公司垂直专业化条件下的外包业务。21 世纪以来，中国已与全球经济建立起高度密切的连接。全球经济一体化的发展，既对中国经济发展提供了诸多发展机遇，又给中国产业结构升级和经济安全带来了巨大的挑战。跨国公司的纵向分离产业链的延伸，进一步推动了中国参与国际产业分工的步伐，发达国家以较快的速度将部分产业进行转移，不仅增强了中国企业生产的先进性，同时也提供了发展机遇，从而使企业的产品质量得到很大提高，并带动产业升级。然而，从中国目前的实际情况来看，还存在很多结构性问题。例如，制造产业主要依靠劳动力，生产效率低、企业规模小、科技水平不高，能源消耗大等。这些问题的存在，都成为中国顺利承接国际产业转移的重大阻碍。如果无法很好地应对，就会制约中国产业结构调整的顺利进行，还会引发低端产业出现集聚现象。因此，这些问题的存在对中国经济发展极为不利。在开展垂直专业化活动的同时，我们应积极转变发展理念，在垂直专业化条件下重新选择产业升级路径。

第一节　垂直专业化对中国经济发展的影响

当前，跨国公司都在积极调整自身的组织结构，并在垂直专业化条件下开始实施纵向分离发展战略，这对世界经济发展的格局将形成积极的正能量的影响。在跨国公司实施纵向分离战略的同时，各国的生产体系逐渐被垂直专业化分工模式所渗透，并呈现出新的发展格局。例如，企业的主体构成、对外贸易方式、生产的空间分布、产业结构的治理等，都会在垂直专业化发展中产生新的变化，尤其对企业生产的发展规模、产品质量和经济效益等方面带来重大的深远影响。

一、产业转移的双向重构

在跨国公司实施垂直一体化战略的时候，由于生产链条的延伸，企业边界也发生了很大变化。与此同时，产品链的延伸也呈现出逐级梯次特征：发达国家立足于“边际产业”，并根据由低到高的排序，将国内不具备优势的产业，转移到次发达国家或发展中国家。[①] 目前，国际上已形成了层次分明的分工格局。发展中国家在承接国际产业转移的过程中，主要是引进发达国家已经失去竞争力的产业。在跨国公司实施垂直专业化发展战略的形势下，纵向分离战略也随之兴起，并将原本逐级梯次的国际产业转移模式，逐渐向多级平行转变方式演进。由此可见，跨国公司实施纵向分离战略的过程，实际上就是在激烈竞争市场中寻找合作伙伴的过程。与之前

---

① 胡俊文．国际产业转移的基本规律及变化趋势．国际贸易问题，2004（5）．

的国际产业转移不同的是，目前的产业转移更加注重淘汰落后的产业。通常情况下，发达国家将产业转移到次发达国家，但也有部分产业实行跨级梯度转移，直接从发达国家转移到发展中国家。

跨国公司实施纵向分离战略的过程，也引发了国际投资转移现象。在垂直专业化条件下，跨国公司将自身部分生产业务外包给其他企业，并通过新建、并购等方式，与其他企业形成一种外部交易关系，这是企业缩小经营范围的具体表现。跨国公司在此转变过程中，往往会放弃缺乏竞争优势的产品，将之出售或转移给其他专业性企业。在实现成功转移的过程中，跨国公司将要花费很长时间来完成撤资工作。自从爆发金融危机以来，部分企业已经适应了这种局面。然而，构建新的竞争优势，是跨国公司转变发展战略的最终目的，所以，仅依靠“瘦身”策略是远远不够的。作为跨国公司，还必须根据企业自身的经营状况，并结合世界经济发展的新趋势，寻找新的合作伙伴，并确定其经营重点，从而重新制定发展战略。因此，在某些领域成功“瘦身”之后，将会发展其他重点领域，并借助具有竞争优势的产业，尽可能地扩大生产经营规模。当企业在此阶段开始重点投资项目时，与之前的投资项目有较大的区别。此外，在跨国公司实施纵向分离发展战略的过程中，还会导致某些地区缩减投资规模的现象，但也会引发部分地区扩大投资规模。

所谓双向重构是指，中国企业在承接国际产业转移和投资转型过程中，一方面，促使传统产业进一步换代升级；另一方面，构建具有长远发展趋向的新兴产业，从而实现中国产业结构的调整和优化。中国传统产业具有资源和劳动力优势，但缺乏科技含量，因此，借助跨国公司产业转移之机，迅速完成产品及生产工序的技术升级，重构传统优势产业，这对于中国产业结构的优化具有十分重要的现实意义。发展新兴产业，将是完成国际对接的重要途径，也是今后的发展重点。为了迎接国际产业转移和投资的新高潮，中国企业应抓住有利时机对产业结构进行优化，并完成产业换代升级，从而实现产业的双向重构。

二、产业升级的“马太效应”

随着垂直一体化促进产业转移的逐级推进，东道国的产业结构也处于逐步升级过程中。因此，应根据国际产业转移的基本规律，及时调整本国外资引入方式，从而推动本国产业的成功升级。与此同时，跨国公司在实施纵向分离战略的过程中，也可以为东道国的产业升级带来“马太效应”，同质集群呈现自我克隆的增长特征。在跨国公司实施纵向分离新战略的形势下，东道国的政策优惠已经失去了对国际资本投资的吸引力，而配备产业化生产模式的产业集群，已成为新的吸引力。当大量同类企业在某一地区高度集中时，企业之间因为相互关联而产生规模效应，从而形成规模经济。这种规模经济模式可以吸引更多同类企业加入，同时形成阻碍其他企业进入的屏障。与20世纪末跨国公司的发展情况相比，这种垂直专业化生产模式有着很多新的变化和带来新的经济发展机遇。

当前，各大跨国公司纷纷实施纵向分离战略，用以增强在生产链上的影响力，从而为东道国积极引进国际先进的生产技术带来机遇。然而，倘若某跨国公司没有恰当使用纵向分离战略，则可能引发产业结构混乱或加剧产业依赖的状况，致使该公司的制造业迟迟无法顺利升级。近些年来，中国工业的发展速度不断加快，生产急剧增长，然而也出现了工业整体素质不高的现象，具体表现为劳动密集型产业偏多、技术应用水平低、能源消耗量大、企业规模化效应低、经济产值不高等。在这种经济形势下，中国就没有能力承接跨国公司纵向分离转移出来的高新技术产业。基于“马太效应”，跨国公司在实施纵向分离发展战略的时候，将会对中国产业结构造成一定程度的影响，迫使中国开始调整产业发展路径。

由此可见，当中国企业大规模承接跨国公司纵向分离出来的外包业务时，不仅要形成新的产业集群，而且要引入国际先进技术，一方面，淘汰丧失竞争能力的传统产业；另一方面，以高新技术为起点打造一批高、新、尖企业群，从而在国际市场竞争中处于领先地位。这样一来，产业升级的“马太效应”的运用，就能为中国产业赢得大发展机遇。

三、产业发展的纵向控制

国际市场竞争，就是产品生产竞争。20 世纪下半期，企业在开展产品竞争过程中，注重控制产品的生产与创新能力。21 世纪以来，各大跨国公司开始实施纵向分离战略，产业间的分工模式逐渐应用到产品生产环节。跨国公司不再将发展目标定位于独自完成产品的所有生产环节，而是开始加强对产品生产的关键环节进行控制，而针对其他不具备优势的生产环节则采取外包经营方式，与供货商签订长期合同，建立供货联盟关系以稳定货源。跨国公司在此过程中拥有很强的优势，由最初的单个产品优势向供货商或向生产网络控制优势方向转变。当跨国公司使用领导型治理模式与配套企业展开合作时，主导了配套企业的控制权，尤其是产品定价权，而且为配套企业提供技术支持，从而使配套企业对跨国公司产生很大的依附性。当市场竞争更加激烈时，而此时的跨国公司便会垄断买方势力，以此提高利润或将损失转移出去，并通过利润控制而维持自身利益。与此同时，跨国公司通过强化自身与处于产业链低端的东道国之间的不对称关系，并以此实行竞争性采购模式，压低供货价格和转嫁风险的方式，保留产业链条中的高盈利产业，而将具有经营风险、失去经营优势的产业向相关配套企业转移，致使东道国企业的盈利空间越来越小。此外，与相关配套企业在权利和义务上的不对等关系也日益明显。如果不采取措施解决这些问题，那么，中国利用外资效益与质量就会受到影响，无法获得预期的效果。

综上所述，外包业务的承接，本身就是控制与反控制的关系，实质上是产业发展控制与反控制的关系。在这场控制与反控制较量中，中国企业必须坚守资源优势阵地，与发包方抢占产业发展的制高点，变控制为发展，从而确保中国产业发展步入良性循环之中。

四、低端产业的盲目扩展

在垂直专业化条件下，中国加工、服务等垂直贸易获得了很大的发展，也为中国实施贸易扩张战略提供了市场机遇。然而，从中国贸易增长的形势来看，增长效果并不明显。例如，中国加工贸易，仍然以进料加工为主，出口产品以纺织服装、机电产品为主，并以发达国家为主要出口市场。在跨国公司实施产业转移战略的过程中，转移到中国市场生产的产品会逐渐增多。然而，中国还没有掌握这些生产的核心技术。据相关调查资料显示：中国超过 80% 的芯片、70% 的数控机床，以及 90% 的汽车制造专利，都是从国外引进的。中国产业在跨国公司的控制下，逐渐丧失经营主动权，致使很多发展决策都受到限制。例如，整体发展战略的制定、企业投资方向的选择，以及利益分配等问题，仍然限制了中国产业的发展。目前，中国加工贸易在发展过程中，仍然依靠劳动力优势，加工项目基本在“U”形曲线的最底端位置。加工贸易额在中国占据了一定的市场份额，但其增加值却低于全国平均水平。跨国公司在推行垂直专业化生产时，普遍出现了“高进低出”的现象，试图通过产业转移战略，将劳动力需求大、利润率低的产业向中国转移。在此种形势下，中国迫切需要采取措施完善加工贸易发展模式。跨国公司纵向分离战略的实施，促使服务外包生产模式在全球范围内流行开来，给中国对外贸易带来发展机遇的同时，也带来了前所未有的挑战。在有效地承接国际服务产业转移方面，同样存在许多需要解决的重大问题。产业结构层次严重偏低，运输、仓储和通信等传统部门的增加值，占国民生产总值的比重，高于金融、保险、服务业等现代生产服务部门的增加值比重；服务业规模化程度较低，而且在国际市场具有影响力的大企业极少。此外，由于专业技术人才的不足，严重制约了承接外包业务的质量和效益。

由此可见，面对国际产业转移之际，中国对外承接外包生产时，必须有计划地进行选择，防止丧失国际竞争力的外包业务的泛滥，并有计划地引进带动行业升级换代的外包业务，从而实现整体产业的优化组合，制止低端产业的盲目扩张。

第二节　垂直专业化发展面临的问题

一、专业化生产处于低端环节

自21世纪以来，在垂直专业分工全球化发展趋势下，中国企业全面参与全球产业转移外包生产，从而使中国产品内贸易构成和技术构成都发生了很大的变化。然而，跨国公司一般采取公司内贸易方式将部分劣势生产工序向中国市场转移，从而使中国垂直专业化生产水平比新兴工业化国家要低。在发展中国家，中国在全球产品内贸易中占据了最大的份额，但处于低增值生产环节的状况没有得到有效改善。垂直专业化给中国产业带来的影响，从整体而言是积极的，因为外向型产业在中国的发展速度很快。然而，当前承接跨国公司专业化生产仍处于低端环节，而资本密集型、技术密集型的高端产业仍然被外商投资企业主导着，所以这种正面影响受到了限制。产品内贸易在提高中国相关产业竞争力方面具有促进作用，但中国的比较劣势无法在此环节实现成功逆转。承接国际生产外包业务有助于推动中国的产业升级，但这种作用不是特别明显，因为跨国公司仍然是主导技术密集型产业、资本密集型产业的主要力量，而中国接触较多的生产环节是劳动密集型加工工序。

二、产业结构升级脆弱

中国企业加入全球价值链，通过垂直专业化提升产业结构的困难较大。首先，在出口构成上，与发达国家相比较，中国的产业结构丝毫不逊色，然而跨国公司在将产业转移到中国的时候，主要采取的是垂直专业化模式。2008 年以来，外商投资企业在中国加工贸易中占据的比重大约有 80% 。可以看出，跨国公司是中国技术以及资本密集型产业的主体。其次，交通运输设备、电子通信设备等制造业，是制造业中上升最快、垂直专业化参与程度最深的产业，但在垂直专业化价值链中，技术核心仍被跨国公司掌握，中国仅仅参与了劳动密集型的生产工序。因此，在全球经济垂直专业化分工模式下，中国产业结构的升级仍然十分脆弱，而且产业结构的优化与调整仍然受到制约。

二、产品国际市场竞争力低下

全球垂直专业化分工体系形成之后，中国也加入其中，并引进了部分原来不具优势的资源，如技术、先进的管理方法与理念等。中国政府抓住跨国公司大量转移生产的机遇，制定了吸引外资投资、发展加工贸易的各种措施，促使中国成为最大的产业转移目的地。在此种形势下，中国产业的比较优势有了一定的变化，并且加强了技术、资金密集型产业的市场竞争力。这说明产品内贸易发展方式，有助于提高中国产业的国际竞争力。

近些年来，尽管中国的资金、技术密集型产业的发展速度，以及产品的国际竞争力在逐渐上升，但其竞争力仍然低于中国传统的产业，其竞争力水平仍然相差甚远。例如，服装、鞋帽加工、玩具生产等劳动密集型产业，是中国目前最具国际竞争力的产业，而机电、仪器仪表等技术密集型产业的竞争力有限，无法与国际顶端产业相抗衡。劳动密集型产业的 RCA 系数，是技术、资金密集型产业的 5 倍。中国产品内贸易中的技术、资金密集型产业，使用的是 OEM 出口方式，主要代工生产技术含量低的环节，缺乏自主创新品牌，其竞争力比西方发达国家的相应产业低很多。垂直专业化分工，为各参与国提供了一个提升产业阶梯的机会，然而，能否真正实现产业升级，增强国际竞争力，就需要依靠自身的力量。

综上所述，中国企业承接跨国公司垂直专业化条件下产业转移外包业务，对于调整和优化中国产业结构和产业换代升级具有积极影响，然而，目前还处于低水平的层次上，因而不可避免地出现专业化生产处于低值环节、产业结构优化升级十分脆弱，以及产品国际市场竞争低下等问题，所以，必须采取针对性对策加以克服和解决。

第三节　垂直专业化发展的对策措施

在垂直专业化形势下，中国应该积极调整发展策略，改善经济发展条件，抓住国际产业外包带来的发展机遇，克服上述垂直专业化面临的问题，推动中国新兴产业集群更大的发展。

一、营建国际合作平台，加快产业与贸易转型升级

（一）提高利用外资效率，加快主导产业转型升级

利用外资是区域性经济发展的阶段性主题。但是，如何吸引外资，吸引何种外资，就要求根据当前产业发展的需求和行业结构调整的要求作出选择。在经济全球化、一体化的发展形势面前，中国政府需要积极推出吸引外资的政策，转变经济增长方式，把握好利用外资的时机，增强外资利用效率，加快中国产业全面转型升级。

1. 大力推进新兴产业的合作，提升主导产业国际竞争力

立足于科学技术发展现状，积极承接国际产业转移的外包业务，促进新兴产业的发展，加强与优势国家之间的合作力度，引导外资投入新型技术产业之中，从而提升产业国际竞争力。首先，要

加快生物医药、节能环保、新能源和新技术等产业的研发力度，实现新产品的产业化经营；其次，要充分吸收国际制造业发展的经验，结合中国国情制定主导产业发展战略。与此同时，要积极促进服务业朝着全球化方向发展，特别是加快物流产业的发展步伐，加大外资在信息技术、文化旅游、商业会展等主导服务业中的利用程度。只有这样，才能使主导产业带动中国产业集群的整体竞争力的提升，为产业转型升级打下良好基础。

2. 增强利用外资的溢出效应，实现主导产业主体结构的优化

在与跨国公司进行合作的过程中，尤其是位于世界500强的企业，借助他们的力量推动中国经济快速发展，并引进与中国产业拥有关联度的投资项目。建立完善的服务机制，吸引跨国公司设立研发与培训机构，加强与国际会计、审计、税务和法律等专业机构的合作，优先鼓励境外先导产业投资者与中国外向型企业开展合资合作，积极发展外包业务，带动区域产业集群的发展，从而实现主导产业结构的优化，迅速完成产业转型升级。

3. 积极承接具有竞争力的外包产业，构建战略性高新主导产业基地

根据承接外包业务发展的需要，引进急需的高新技术人才，并将软件、医药等产业当作发展重点，建设示范性发展基地和公共技术实验平台。借助“区中园”的方式，发展具有战略性的高新主导产业基地，从而带动产业全面优化升级。

4. 根据国际资本流动趋势，优先发展主导产业，并带动其他产业的转型升级

顺应国际产业转型升级，是各地区利用外资的新课题。应当鼓励发展私募基金以及投资性企业，积极引进外商投资，鼓励发展中外合资企业，加强与其他国家企业之间的合作力度，建立起担保融资风险的机构，鼓励外资在本地区大力建设投资或融资租赁公司。国际经济形势变化给中国经济带来诸多发展机遇，中国政府应该立足于国情，确定国内产业的发展方向，开拓更广阔的资本利用市场。

鼓励外商加入国内主导产业的兼并重组，优化配置资源，借助有限的优质资源，从而带动产业全面的优化调整，加快产业转型升级。

（二）增强核心竞争力，推动对外贸易转型升级

在继续发挥传统外贸优势的同时，要加快培育以品牌为核心竞争力的新优势，从而推动规模扩张型向质量效益型转变，全面提升企业在全球产业分工中的地位。

1. 提升出口产品的科技含量

在跨国公司实施垂直专业化条件下，中国企业应该加大高科技产品研发的同时，推动产学研联合开发产品，并与承接国际先进的科技含量高的外包产品相对接；对纺织类、轻工类传统产业进行技术性改造的同时，有选择地发展传统出口产品的技术研发基地，增加其科技含量；重点发展高新技术产业，引导其向集群化方向发展。总之，充分把握国家鼓励进口的机遇，积极引进国外专利和高新技术，创新各个生产环节，及时更新企业技术设备，从而生产出更多具有科技含量的出口产品。

2. 提高出口产品的国际竞争力

在强化自身品牌意识的同时，不断完善保护品牌的政策措施，并对品牌培育机制进行创新。与此同时，政府还要鼓励企业以不同的方式来并购、租用国际知名品牌，利用品牌效应不断扩大企业在市场上的占有率。政府还要引导企业向产品生产这一链条的两端不断延伸，确保企业可以控制原始生产供应端，从而有效地控制进口产品的价格。在国际市场上，企业要积极探索一条符合自身实际的营销路径，掌握销售的主动权。政府还要鼓励企业转变发展模式，从组装加工开始向研发、设计、制造核心元器件等转变，实现加工贸易转型升级，从而提高出口产品国际市场竞争力。

（三）加大对外合作力度，促进对外经济转型升级

中国企业要抓住投资空间大、投资成本较低的机遇，积极走向

世界，构建参与经济全球化的新平台，实现中国对外经济转型升级。

1. 完善对外合作绩效机制

根据当前国际产业发展的新趋势，制定对外投资产业导向目录，重点发展区域经济。

首先，要加快富余产能产业的转移，尤其是那些高耗能、资源型产业，以及容易受贸易摩擦影响的劳动密集型产业，将其转移到市场潜力较大的东南亚国家、非洲国家、拉丁美洲国家等。其次，要加快国外市场需求大的产业转移，尤其是纺织服装、轻工家电、食品医药等走出国门，为这些产业开拓更广阔的市场。最后，要加快转移那些能够满足社会发展需要的产业，尤其是服务产业等，从而推动区域经济合作的健康发展。综上所述，完善对外合作绩效机制，是加快产业转移的保障。

2. 加快发展中国家的跨国公司

在此，要以具有国际竞争力的跨国公司作为培育的重点，还要鼓励越来越多的企业参与跨国经营，促使这些企业不断壮大起来。与此同时，还要分类指导企业，针对企业的类型来选择合适的培育路径。政府要积极引导大中型企业，尤其是钢铁、煤炭、化工、冶金等行业要制定合理、有效的发展战略，提高自身的市场竞争力。此外，还要支持民营企业、股份制企业走出国门、走向世界，政府要帮助其走出国门这一过程中所遇到的问题。为了能够提高这些企业的国际竞争力，就要采取投资联盟、横向联合的手段，加强企业国际间合作与联系，促进中国跨国公司的壮大和发展。

二、建立产业攀升机制，健全高端产业体系

在全球经济一体化的推动下，跨国公司已经完成垂直一体化向垂直专业化的产业结构的调整与优化。因此，应抓住国际产业转移以来世界生产体系调整的有利时机，合理布局区域产业，制定不同

的产业升级方向和发展路径，优化区域产业结构，健全现代高端产业体系，在区域内形成产业新格局。

（一）推动战略性新兴产业向集群化方向发展

在国际产业实行转移的新形势下，中国应该抓住这一良机，加快战略性新兴产业的发展，尤其是重点发展高起点战略性的新兴产业。鼓励企业建立高新技术产品生产基地、创业设计中心，加快新兴产业的发展步伐，将之推向“高起点、集群化”的发展道路，避免陷入与传统制造业雷同的误区。在对自身优势进行 SWOT 分析的前提下，加快建设新兴产业发展基地，打造创新力强、具有战略特色的经济发展环境，引导高技术人才和资金聚集到产业基地，促使这些高新技术产业形成产业集群，从而进一步健全高端产业体系。

（二）推进制造业向基地化方向发展

当前，为适应世界经济发展的新形势，全面提升中国制造业的国际竞争力，必须推进制造业向基地化方向发展。首先，运用高新技术重点培养新型产业，如高档纺织、品牌服装、专用设备等产业，并推动其生产基地的形成；其次，提高产业的自主创新能力，提升产品生产工艺和技术装备水平，增强研发新产品、创造新品牌的能力，从而形成一批经济效益高的产业基地；再次，引导企业开展合理的兼并与重组，将重心倾斜于打造国际知名品牌，增强核心竞争力，提高市场占有率，从而推动中小企业朝着专业化分工、产业基地方向发展；最后，增加传统制造业产品的技术含量以及附加值，从而使传统制造业向基地化方向发展。

（三）推进服务业向品牌化方向发展

当代服务业，是中国大力发展而且潜力巨大、增长空间极为广阔的领域。在发展服务产业的时候，需要立足于产业的实际状况，根据产业基础与发展优势进行精心规划，打造专业化的发展道路，创造属于自己的品牌，并不断加大宣传力度、提高产品与服务质量，增强品牌在国际的知名度与影响力。现代服务业面临着新的发展形势，中国企业要充分发挥自身的优势，推动现代金融、信息、咨询等服务产业获得更大的发展，在制造行业与生产服务行业之间形成互相促进的关系，建立产业发展新格局。为了满足信息化发展的需求，就需要加大对电子商务、4G 网络服务等产业的扶持力度，从而推动中国服务业向品牌化方向发展。

三、实施协同发展战略，实现产业发展的良性互动

21 世纪以来，中国加入跨国公司垂直专业化的国际分工体系的企业越来越多，承接国际外包业务越来越大，与此相关的产业集群越来越集中。因此，实施协同发展战略，实现产业发展的良性互动，是十分必要的，也是大势所趋。近几年来，国际市场的竞争更加激烈，能否尽快融入垂直专业化、国际分工体系之中，从“中国制造”转变为“中国创造”，这对国际产业的转移与升级以及加快产业发展速度，均会造成直接的积极影响。

（一）健全科技人才使用与激励的良性互动机制

要使外包产业转型升级，提高中国在新型国际分工体系中的国际地位，健全科技人才良性互动激励机制是至关重要的。因此，应推行“按知分配”政策，鼓励在分配利益的过程中，将技术、管理等生产要素引入其中，形成科学、合理的分配机制；将技术创新的实效性与高新技术研发人员的业绩和收入挂钩，激励技术人员的创新热情；为优秀人才营造宽松的创新环境和轻松的市场经济环境，优化人力资源配置，强化人才的基础性作用；建立起完善化的人力资源管理、人才竞争与流动机制，加强对人才市场的社会化管理力度；鼓励企业积极建立人才租赁制度，借助合作制、产权股份制等形式，促使高端技术人才为中国承接新型产业转移提供智力支持。

（二）建立高端技术开发基地和区域科技孵化器建设的良性互动机制

在现有资源配置的基础上，加快本区域技术研发基地的建设，鼓励企业在原有技术条件下，加强区域性科技孵化器建设，并使二者实现良性互动，从而促进产业步入良性循环的轨道。为此，必须推动本地区尽快建立起技术开放式、资源共享平台和高新技术研发基地，从而推动科技企业获得更大的发展；积极引导中小企业与高新技术产业相对接，加强科技的孵化器建设，共同开发重点项目，从而形成新的高新技术产业发展格局。借助“以大带小、以小促大”的发展原则，建立高端技术开发基地与区域科技孵化器的良性互动机制，对于推动大中小企业协调发展和本区域内科技产业的发展具有积极的作用。

（三）完善科技创新与知识产权保护的良性互动机制

随着跨国公司垂直专业化外包业务的发展，各种创新技术应用越来越成为普遍现象，因此，非常有必要采取措施对技术创新相关的法律保障体系加以完善。当前，中国知识产权方面的法律体系存在不健全状况，在高新技术产业不断发展的形势下，中国的当务之急，是需要加大对知识产权的法律保护力度。在此过程中，充分吸收发达国家的先进经验，并结合中国国情，制定具有中国特色的知识产权法律法规等。与此同时，加大对侵权行为的执法力度，保障知识产权发明人的合法权益，为企业发展技术提供良好的环境，从而使科技创新与知识产权保护形成良性互动。

第八章

结　论

第一节　主要结论

本书围绕跨国公司的企业边界、垂直专业化战略选择问题展开研究，重点梳理了现有文献的研究成果，并概述总结了经济全球化发展趋势给企业边界确定带来的影响，系统地探讨了企业进行国际贸易、安排国际生产和对外直接投资的演进过程和作用机制等问题。在融合前沿的新贸易理论、异质性企业理论以及全球价值链理论的基础上，构建决策模型来解释企业边界及纵向分离模式的策略选择，并借助分析计量、调查问卷等实证研究方法，对其展开了进一步的评估。基于微观国际生产理论，建立起了模块化的理论分析框架，解读了现代跨国公司的一系列经济行为。综合以上各章的研究成果，得出本书的主要研究结论：

（1）产业、企业与交易特征均正向影响企业边界。企业边界的选择，取决于产业、企业和交易层面因素的交互作用。由于企业存在交易成本、关键资源控制力、资源和能力、组织认同的不同，所以不同的生产组织方式可以在动态均衡中共存，而企业边界的变化也会随产业特征、企业特征及交易特征的变化而变化。

（2）企业的相关业务和核心业务的关联度较小，外包不会对企业的核心业务造成损害，则可以选择业务外包；反之，当外包对企业核心业务的发展造成不利影响时，不应该采取外包。当企业决策者从企业内转向企业外进行决策时，应对当前环境下的外包服务供给市场进行一个准确的评估。这就是说，如果当前的外包市场与本企业匹配较好，就可以考虑业务外包，否则进行自营。

（3）企业效率边界显著影响企业对产业集群模式和业务外包模式的选择，即企业效率边界越大，企业更倾向于选择产业集群和业务外包两种纵向分离模式；企业权力边界显著影响企业对虚拟组织的模式和战略联盟模式的选择，即企业权力边界越大，企业更倾向于选择虚拟组织和战略联盟两种纵向分离模式；企业能力边界显著地影响企业对产业集群模式、虚拟组织模式和战略联盟模式的选择，即企业能力边界越大，企业更倾向于选择产业集群、虚拟组织和战略联盟三种纵向分离模式；企业身份边界对企业选择战略联盟模式有一定的影响但不显著。

在世界经济一体化的发展过程中，当劳动力、资本和技术等生产要素在全球范围内流动时，国际生产组织方式也发生了很大的变化。与此相适应，跨国公司可以借助不同的契约，实施不同的垂直专业化发展战略，并建立国际性的生产网络，对各种生产要素进行合理的安排。只有这样，才能充分利用全球经济一体化条件下的各种有利因素，获取最大化的盈利。更重要的是，本书引入了企业异质性理论的相关假设，阐述了如何在不同的企业中进行选择才能实现企业边界的最优化。本书的研究，一方面，加深了人们对全球化背景下企业策略选择问题的理解程度；另一方面，为进一步研究现代国际贸易理论提供了一定的参与依据。尽管本书研究还停留在初级阶段，但这是本书的最初出发点。

第二节　研究不足与研究展望

本书基于异质性理论，建立了假设模型，展开了实证研究。虽然最终的结论得到了参数仿真结果以及企业数据模型理论的支持，但在企业贸易与生产数据缺失的情况下，该实证研究还不够全面，需要继续努力寻求合适的数据展开进一步的研究，从而提供更可靠的依据。其次，本书的研究是围绕跨国公司的垂直一体化及垂直专业化模式展开的，但对影响选择决策的因素指标的实证检验分析不够全面。今后，可以通过指标体系对理论和政策方面进行更广泛的分析。最后，本书在跨国公司生产组织模式选择的基础上，应进一步基于产业集群的视角，运用新经济地理理论，深化国际产业转移的动态模型展开相关研究，这对迅速发展的中国企业更具实际意义。

在经济不断朝着全球化、一体化方向发展的同时，各国经济的联系度也越来越紧密，我们相信新贸易理论以及新经济地理学理论也会日益丰富。本书融合了这两大理论，对相关问题展开研究，但研究尚处于初步阶段，因而可以进行下一步研究。

附录　企业边界测量调查问卷

尊敬的先生/女士：

本调查问卷仅供研究使用，我们确保对本次个人信息以及调查问卷所涉及的内容严格保密，另外本调查将采用大样本信息收集和随机抽样方式进行，调查组会针对汇总后的数据统计结果并进行分析，数据结果中不会出现个案的反馈信息也不会对个案数据进行分析，问卷信息不会给您以后的生活和工作带来任何的负面影响，请您放心并如实填写该问卷。

在此对于您的支持，我们表示由衷的感谢！

一、基本信息

1. 您的年龄（　　）

   A. 25岁以下　　B. 25~35岁　　C. 35~45岁

   D. 45~60岁　　E. 60岁以上

2. 受教育程度（　　）

   A. 硕士及以上　　B. 本科　　C. 专科

   D. 高中及以下

3. 您的职位（　　）

   A. 高层管理人员　　B. 中层管理人员　　C. 一般员工

4. 贵公司的所有制性质（　　）

   A. 国有企业　　B. 民营企业

   C. 外商独（合）资企业　　D. 其他所有制

5. 贵公司所属行业（　　）

   A. 加工制造业　　B. 服务业　　C. 其他

6. 贵公司员工人数（　　）

A. 500 以下　　B. 500 ~ 1000

C. 1000 ~ 5000　　D. 5000 以上

二、效率边界

7. 以下列出了笔者用 1 ~ 7 的数字代表契约复杂性的相关描述，请您从中选出能代表您对契约复杂性看法的对应数字，并在相应选项上画“√”。

序号	有关契约复杂性的相关描述	1 非常不同意	2 不同意	3 较不同意	4 一般	5 较同意	6 同意	7 非常同意
1	在与另一方签订合约时，需要对合作过程中的交易和事项有定期记录的约定							
2	任何违背协议的事项发生时，双方需进行及时的书面记录							
3	聘请专门的会计审查机构对合作过程中的交易和事项进行稽查是必需的							
4	合作中一方要使用双方共有的资源时，需与另一方签订保密协议							
5	合作结束后，任意一方都不能继续使用对方的专有资源							
6	对于合作的终止，合约中需有明确说明							
7	对争议的解决方式，合约需附有明确规定							

8. 以下列出了笔者用 1 ~ 7 的数字对合作范围的相关描述，请您从中选出符合贵公司情况的描述所对应的数字，并在相应选项上

画“√”。

序号	有关合作范围的相关描述	1 非常不符合	2 不符合	3 较不符合	4 一般	5 较符合	6 符合	7 非常符合
1	合作过程中，贵公司与母公司的合作业务有清楚的界定和区分							
2	对于涉及客户和商标等合作内容，会有严格的规模和程度上的考虑							
3	贵公司实行关键信息编码化和个人化							
4	贵公司有职能部门严格控制合作信息和知识分享的程度							
5	贵公司有专门的保密人员管理合作信息并保证重要机密不泄露							
6	贵公司严格限制合作伙伴访问本公司的战略、市场和技术等相关知识							

三、权力边界

9. 以下列出了笔者用 1 ~ 7 的数字对权力边界的相关描述，请您从中选出符合贵公司情况的描述所对应的数字，并在相应选项上画“√”。

序号	有关权力边界的相关描述	1 非常不符合	2 不符合	3 较不符合	4 一般	5 较符合	6 符合	7 非常符合
1	贵公司拥有基本决策权，能决定成本、费用支出水平							

续表

序号	有关权力边界的相关描述	1 非常不符合	2 不符合	3 较不符合	4 一般	5 较符合	6 符合	7 非常符合
2	贵公司拥有部分决策权，能决定销售收入、费用支出等经营活动，债务资本筹资额度、方式等部分筹资活动和不同层次的投资活动							
3	贵公司拥有部分决策权，其决策能影响实际的现金流入流出							
4	贵公司拥有较大决策权，能决定销售收入、费用支出等经营活动，债务资本、权益资本筹资额度、方式等的筹资活动和不同层次的投资活动							
5	贵公司拥有充分经营、筹资、投资决策权，决定企业战略投资方向，影响企业未来收益、风险							

四、能力边界

10. 以下列出了笔者用 1 ~ 7 的数字对能力边界中协调能力的相关描述，请您从中选出符合贵公司情况的描述所对应的数字，并在相应选项上画“√”。

序号	有关协调能力的相关描述	1 非常不符合	2 不符合	3 较不符合	4 一般	5 较符合	6 符合	7 非常符合
1	为了更好地与伙伴合作，贵公司对内部工作流程进行了规范							

续表

序号	有关协调能力的相关描述	1 非常不符合	2 不符合	3 较不符合	4 一般	5 较符合	6 符合	7 非常符合
2	贵公司建立了跨公司边界的伙伴协调流程							
3	贵公司以培养良好的伙伴关系为导向来调整激励体系							
4	贵公司定期召开内部会议调整工作流程，以适应合作伙伴							

11. 以下列出了笔者用 1 ~7 的数字对能力边界中沟通能力的相关描述，请您从中选出符合贵公司情况的描述所对应的数字，并在相应选项上画“√”。

序号	有关沟通能力的相关描述	1 非常不符合	2 不符合	3 较不符合	4 一般	5 较符合	6 符合	7 非常符合
1	贵公司总能为伙伴指出如何在合作中获得双赢							
2	贵公司能够通过合作将自身品牌与特定消费者需求建立直接的联系							
3	贵公司一直努力让合作伙伴了解其产品和提供的服务							

12. 以下列出了笔者用 1 ~7 的数字对能力边界中凝聚能力的相关描述，请您从中选出符合贵公司情况的描述所对应的数字，并在相应选项上画“√”。

序号	有关凝聚能力的相关描述	1 非常不符合	2 不符合	3 较不符合	4 一般	5 较符合	6 符合	7 非常符合
1	贵公司与合作伙伴联系人发生变动时，贵公司总是第一时间通知合作伙伴							
2	即使在困难的情况下，贵公司也做好向合作伙伴讨论的准备							
3	即使在困难的情况下，贵公司也与合作伙伴同心协力							
4	即使贵公司在短期内不获得任何好处，贵公司仍然会为合作伙伴着							
5	当有意见分歧出现时，贵公司总能考虑到合作伙伴的观点							
6	即使贵公司在短期内不获得任何好处，贵公司仍然会为合作伙伴着想							

五、身份边界

13. 以下列出了笔者用 1 ~ 7 的数字对身份边界的相关描述，请您从中选出符合贵公司情况的描述所对应的数字，并在相应选项上画“√”。

序号	有关身份边界的相关描述	1 非常不符合	2 不符合	3 较不符合	4 一般	5 较符合	6 符合	7 非常符合
1	贵公司的员工有较强的归属感与组织依附感							
2	贵公司有明确的组织特征和目标使成员明确感知组织身份							

参考文献

[1] 阿弗里德·马歇尔. 经济学原理. 华夏出版社, 2005.

[2] 奥利弗·威廉姆森. 交易费用经济学讲座, 经济工作者学习资料, 1987 (50).

[3] [美] 奥利弗·威廉姆森. 经济组织的逻辑. 上海人民出版社, 1996.

[4] 安搏. 价值链下战略联盟的博弈分析. 东岳论丛, 2005 (3).

[5] 北京新华信商业风险管理公司. 价值链管理. 中国人民大学出版社, 2004.

[6] 卜庆军, 古赞歌, 孙春晓. 基于企业核心竞争力的产业链整合模式研究. 企业经济, 2006 (2).

[7] 蔡宇. 关于产业链理论架构与核心问题的思考. 统计与决策, 2006 (9).

[8] 曹国华, 谢灵. 企业创新竞争的期权博弈行为分析. 财经科学, 2007 (1).

[9] 曹虹剑, 罗能生. 高新技术产业组织模块化及其对中国的启示. 自然辩证法研究, 2010 (4).

[10] 曹虹剑, 张慧, 刘茂松. 产权治理新范式: 模块化网络组织产权治理. 中国工业经济, 2010 (7).

[11] 曹虹剑. 网络经济时代模块化组织治理机制研究. 经济科学出版社, 2010.

[12] 陈菲. 服务外包动因、对象及企业绩效之互动关系研究. 经济师, 2007 (1).

[13] 陈菲．服务外包发展新趋势．商业经济文荟，2006（4）.

[14] 陈劲．R&V 非竞争性战略联盟：战略联盟的全新模式——基于绿盛集团和天畅公司的案例研究．管理学报，2007（1）.

[15] 陈劲松．全球制造业垂直分离理论对我国制造业的影响与启示．宜宾学院学报，2006（6）.

[16] 陈琳琳，唐春晖．垂直专业化对我国本土企业技术进步的影响研究．企业活力，2011（7）.

[17] 陈硕颖．论模块化生产网络的治理结构．福建论坛（人文社会科学版），2011（5）.

[18] 陈硕颖．模块化生产网络背景下的劳资关系研究．教学与研究，2011（5）.

[19] 程进．对国际分工纵向分离交易安排的制度分析．国际经贸探索，2005（2）.

[20] 程进．对国际分工垂直交易安排的制度分析．国际经贸探索，2005（4）.

[21] ［美］丹尼尔·A. 雷恩．管理思想的演变．中国社会科学出版社，1997.

[22] 戴桂林．企业战略联盟的组建动因及策略取向探究．经济与管理研究，2006（11）.

[23] 戴魁早．产业垂直专业化的驱动因素研究——基于中国高技术产业的实证检验．财贸研究，2011（4）.

[24] 戴魁早．垂直分离、技术创新和生产率增长：基于中国高技术产业的实证．经济科学出版社，2011.

[25] 戴魁早．垂直专业化的工资增长效应——理论与中国高技术产业的经验分析．中国工业经济，2011（3）.

[26] 戴魁早．交易费用、市场规模与产业垂直专业化——理论与中国高技术产业的经验分析．暨南学报（哲学社会科学版），2011（6）.

[27] 戴魁早．中国高技术产业垂直专业化的生产率效应．统

计研究，2012 (1).

[28] 戴魁早. 中国高技术产业垂直专业化的生产率效应. 中央财经大学学报，2011 (7).

[29] 高越，高峰. 垂直专业化分工及我国的分工地位. 国际贸易问题，2005 (3).

[30] 高茜，马扬. 跨国公司垂直逆一体化. 中国外资，2004 (7).

[31] 郝斌. 模块化创新企业间的价值吸收——以丰田汽车公司为例的分析. 科学学研究，2011 (1).

[32] 郝媛. 跨国公司纵向逆一体化趋势的理论与现实. 国际贸易问题，2001 (11).

[33] 何大军，巫景飞，芮明杰. 企业创新战略视角下产业模块化动力机制研究——基于计算机产业史的考察. 管理学报，2010 (2).

[34] 何红渠. 基于资源观的企业外包战略动因分析. 华东经济管理，2006 (11).

[35] [美] 赫伯特·西蒙. 现代决策理论的基石. 北京经济学院出版社，1989.

[36] 侯仕军. 跨国公司模块化发展的整合性框架及启示. 商业经济与管理，2010 (3).

[37] 胡茂盛，李东. 模块化视角下的产业集聚与城市规模研究. 市场论坛，2010 (3).

[38] 胡业生，兰霞. 复杂科学视角下的垂直专业化分工研究. 宿州学院学报，2010 (9).

[39] 胡昭玲. 国际垂直专业化对发展中国家的影响与启示. 经济经纬，2006 (5).

[40] 黄波. 非一体化经营组织中战略联盟的均衡分析. 商业研究，2003 (8).

[41] 江若尘. 论纵向一体化战略联盟，财贸研究，2001 (2).

[42] 纪志坚. 企业资源外包程度及其影响因素研究. 科研管理, 2007 (1).

[43] 季成. 国际生产网络的发展动因探析——国际垂直专业化分工与贸易的基础和动因研究综述. 商品与质量, 2011 (2).

[44] 姜文. 网络组织的知识管理. 海南出版社, 2011.

[45] 金辉, 杨帆. 外部寻源. 中国时代经济出版社, 2005.

[46] 金玲. 从模块化操作的视角看产业融合的分合效应. 商业经济, 2010 (10).

[47] 金毓. 从权变观念看网络经济时代企业组织的变革. 合作经济与科技, 2004 (10).

[48] 金中坤, 王卿. 模块化组织间隐性知识流动影响因素的实证研究. 情报杂志, 2010 (9).

[49] 荆林波. 全球外包服务发展与风险规避. 中国科技投资, 2007 (1).

[50] 柯颖, 邬丽萍. 模块化条件下的 CAFTA 价值网结网机理及其价值创造研究. 亚太经济, 2010 (6).

[51] 柯颖, 邬丽萍. 汽车产业模块化创新模式与发展战略研究——以广西汽车产业为例. 科技进步与对策, 2011 (8).

[52] 柯颖. 我国模块化生产网络发展战略研究. 未来与发展, 2010 (12).

[53] 克里斯·祖克. 从核心扩张. 中信出版社, 2004.

[54] 李东红, 周国祥. 论跨国公司的垂直专业化发展. 经济问题探索, 2003 (1).

[55] 李宏艳. 基于 FDI 视角的垂直专业化研究: 理论与来自中国的实证. 北京理工大学出版社, 2011.

[56] 李环英. 企业战略联盟竞争优势的构建. 天津市经理学院学报, 2006 (6).

[57] 李冀申, 王慧娟. 中国加工贸易国内增值链的定量分析. 财贸经济, 2011 (12).

[58] 李世杰，李凯．产业集群的结构本质：模块化耦合．学习与实践，2010 (6).

[59] 李未无，蔡敏．垂直专业化分工与就业研究评述．经济问题探索，2011 (8).

[60] 李夏玲．国际垂直专业化与产业竞争力——基于工业行业面板数据分析．特区经济，2011 (8).

[61] 李晓华．产业组织的垂直解体与网络化．中国工业经济，2005 (7).

[62] 李晓华．垂直解体和网络范式下的企业成长．南开管理评论，2006 (5).

[63] 李晓青．组织边界的多重视角．长沙大学学报，2007 (6).

[64] 里昕，揭筱纹．我国产业纵向整合新形式：基于产业链的战略联盟．求索，2006 (12).

[65] 梁运文，张帅．垂直专业化下中国制造业竞争力层次传导效应．财经研究，2011 (12).

[66] 廖列法，张修志，陈志成．从局部占领到全局构建：模块化生产企业的升级路径．科学学与科学技术管理，2010 (10).

[67] 林季红．跨国公司战略联盟新态势与国际生产折中理论的局限．经济管理，2006 (13).

[68] 林孝文．国际垂直专业化分工中利益分配非对称性与领导厂商的纵向控制．中国经济问题，2010 (6).

[69] 刘志彪，吴福象．经济全球化中贸易一体化及其效应的实证研究．产业经济评论，2005 (2).

[70] 刘光祝，蒋桐．物流业模块化组织的知识流动研究．商业时代，2011 (27).

[71] 刘利民，崔日明．我国各行业国际产品内贸易发展水平——基于垂直专业化指数法的测算．国际经贸探索，2011 (4).

[72] 刘庆林．服务业外包的福利效应分析．山东大学学报

(哲学社会科学版), 2006 (4).

[73] 刘庆林. 服务业外包对印度产业结构影响的分析. 亚太经济, 2006 (6).

[74] 刘庆林. 印度承接服务业外包对其产业结构的影响及启示. 国际经济合作, 2006 (9).

[75] 刘伟丽, 袁畅. 深圳制造业垂直专业化程度分析. 特区经济, 2010 (9).

[76] 刘晓昶, 刘志彪. 论跨国公司的垂直专业化发展趋势——兼论中国企业的竞争战略. 江海学刊, 2001 (4).

[77] 刘晓宁. 承接国际外包对我国的产业升级效用——基于制造业的分析. 科技和产业, 2006 (12).

[78] 刘妍. 垂直专业化对我国本上企业创新能力影响研究. 商场现代化, 2012 (1).

[79] 刘英. 模块化组织中核心企业能力特质模型研究. 财政研究, 2011 (2).

[80] 刘志彪, 刘晓昶. 垂直专业化: 经济全球化中的贸易和生产模式. 经济理论与经济管理, 2001 (10).

[81] 刘志彪. 全球化经济中的生产非一体化——基于江苏投入产出表的实证研究. 中国工业经济, 2005 (7).

[82] 刘彪文. 模块化虚拟组织的成因及其超管理支持. 江西财经大学学报, 2010 (3).

[83] 马风涛, 刘辉群. 垂直专业化、出口商品复杂度与国内含量——基于中国工业部门的视角. 云南财经大学学报, 2011 (2).

[84] 马光秋. 产品价值链中企业的核心——外围关系探析. 贵州财经学院学报, 2011 (5).

[85] 马光秋. 企业生产组织方式的演进分析. 广州大学学报(社会科学版), 2011 (11).

[86] 马静静, 刘峰. 模块化时代下中国汽车零部件产业组织动态分析. 知识经济, 2010 (1).

[87] 马士华等. 基于 BOM 的模块化服务平台设计研究. 工业工程与管理, 2011 (2).

[88] 马香媛. 基于核心能力的业务外包模型研究. 税务与经济, 2007 (1).

[89] 满小莉, 田也壮, 裴学亮. 模块化定制下竞争优先权与制造绩效关系研究. 运筹与管理, 2010 (1).

[90] 孟祺. 垂直专业化对内资企业有技术溢出效应吗?. 科研管理, 2010 (4).

[91] 孟祺, 隋杨. 垂直专业化与全要素生产率——基于工业行业的面板数据分析. 山西财经大学学报, 2010 (1).

[92] 孟韬. 网络视角下的产业集群组织研究. 中国社会科学出版社, 2009.

[93] 欧阳桃花, 杨晓莹和徐京悦. 基于模块化架构的产品竞争力研究——以海信平板彩电为例. 管理案例研究与评论, 2010 (4).

[94] 欧志明, 张建华. 企业网络组织及其理论基础. 华中科技大学学报 (社会科学版), 2001 (3).

[95] 裴长洪, 赵忠秀, 彭磊. 经济全球化与当地国际贸易. 社会科学文献出版社, 2006.

[96] 彭正银等. 企业网络组织的异变与治理模式的适应性研究. 经济科学出版社, 2009.

[97] [日] 青木昌彦. 企业的合作博弈理论. 中国人民大学出版社, 2005.

[98] 覃巍. 促进广西北部湾经济区模块化产业集群形成研究. 学术论坛, 2010 (9).

[99] 邵晓峰. 企业非核心业务的一体化供应管理. 软科学, 2003 (1).

[100] 邵晓峰. 企业非核心业务管理的新趋势: 一体化供应管理. 科学学与科学技术管理, 2002 (11).

[101] 石弘华. 中国垂直专业化比重动态的实证研究. 产经评论, 2010 (4).

[102] 宋周. 自营还是外包——透析当前我国企业TPL服务的选择难题. 生产力研究, 2006 (12).

[103] 宋宪萍. 分工、陷阱与模块化. 云南社会科学, 2010 (1).

[104] 苏楠. 国际垂直专业化分工对中国进出口贸易结构的影响机制. 湖北经济学院学报 (人文社会科学版), 2010 (11).

[105] 孙鳌. 集群中企业的纵向分解. 经济经纬, 2007 (2).

[106] 孙斌艺. 跨国公司垂直约束理论研究. 华东师范大学, 博士学位论文, 2004.

[107] 孙敏, 张珲, 刘玉臣. 模块化、平台化战略在摩托车产品开发中的应用. 摩托车技术, 2011 (12).

[108] 孙少勤. 模块化、生产非一体化与服务业外包. 东南大学学报 (哲学社会科学版), 2010 (1).

[109] 孙文远. 产品内分工刍议. 国际贸易问题, 2006 (6).

[110] 陶海青. 知识、认知网络与企业组织结构演化. 中国社会科学出版社, 2010.

[111] 唐睿. 从国际并购到战略联盟——关于跨国公司国际经营战略选择的探讨. 黑龙江对外经贸, 2005 (11).

[112] 托马斯·弗里德曼著. 何帆, 肖莹莹等译. 《世界是平的: 21世纪简史》湖南科学技术出版社, 2011.

[113] 田东文, 贾科华. 分割生产、垂直专业化、FDI与企业异质性. 国际贸易问题, 2010 (9).

[114] 田堃. 企业R&D外包问题研究: 一个委托代理理论分析框架. 湖南科技大学学报 (社会科学版), 2007 (1).

[115] 田文. 产品内贸易论. 经济科学出版社, 2006.

[116] 王爱虎. 广东省吸引跨国公司外包的工业投资环境研究. 国际经贸探索, 2006 (2).

[117] 王爱虎．中国吸引跨国外包的经济环境和政策研究．经济研究，2006（8）.

[118] 王常伟．跨国公司外包趋势及我国企业的对策探讨．温州职业技术学院学报，2006（3）.

[119] 王丰．论生产全球化的新趋势——垂直专业化．江苏商论，2005（5）.

[120] 王德建．模块化生产与中国地方产业集群升级研究．东岳论丛，2010（12）.

[121] 王凤彬等．产品开发组织超模块化及其对创新的影响——以丰田汽车为案例的研究．中国工业经济，2011（2）.

[122] 王海杰．模块化产业集群及其组织效率分析．工业技术经济，2011（2）.

[123] 王淑云．论企业核心业务的战略外包．商业研究，2004（10）.

[124] 王晓立．企业业务外包的发展及合作方式研究．内蒙古科技与经济，2007（1）.

[125] 王昆．垂直专业化、价值增值与产业竞争力．上海经济研究，2010（4）.

[126] 王昆．垂直专业化、成本优势与产业竞争力．兰州商学院学报，2010（5）.

[127] 王昆，廖涵．国际产业趋同与差异研究——来自非竞争型投入产出表的证据．产业经济研究，2011（1）.

[128] 王拓，马风涛．中国工业部门参与垂直专业化分工的实证研究．燕山大学学报（哲学社会科学版），2011（4）.

[129] 王颖，马风涛．出口贸易、国内能源含量与垂直专业化．国际贸易问题，2011（10）.

[130] 吴国新，高长春．服务外包理论演进研究综述．国际商务研究．2008（2）：31－37.

[131] 吴福象．跨国公司制造业垂直分离理论研究的进展问题

与启示.2005.

[132] 吴意云，史晋川．交易成本论．浙江社会科学，2003(5).

[133] 王爱虎，钟雨晨．中国吸引跨国外包的经济环境和政策研究．经济研究，2006 (8).

[134] 王丰．论生产全球化的新趋势——垂直专业化．江苏商论，2005 (5).

[135] 王恺伦，金祥荣．跨国公司理论的最新进展及其现实启示．国际贸易问题，2007 (7).

[136] 王淑云．物流外包成本的决定要素及企业的战略选择．经济问题探索，2004 (7).

[137] [美] 小艾尔弗雷德·D. 钱德勒，战略与结构——美国工业企业成长的若干篇章．云南人民出版社，2002 年中译版．

[138] 于明言．企业组织模式选择与出口和外包．南开大学博士学位论文.2010.

[139] 喻卫斌．资源跨组织流动和企业边界的变化．经济学家，2007 (2).

[140] 曾楚宏，林丹明．对企业建立战略联盟的理论解释．科研管理，2004 (2).

[141] 曾楚宏，朱仁宏．基于战略视角的企业边界研究前沿探析．外国经济与管理，2013 (7).

[142] 张五常．企业的契约性质．企业制度与企业组织．上海人民出版社，1996.

[143] 张玉柯，李玉红，徐永利．跨国公司离岸外包成因分析．河北大学学报（哲学社会科学版），2006 (6).

[144] 张卫国，陈学梅，陈宇．关于非股权战略联盟边界问题的探讨．科技进步与对策，2006 (4).

[145] Adelman M. A. The Concept and Statisical Measurement of Vertical Integration, Business, Business Concentration and Price Poli-

cy. Princeton: Princeton University Press, 1955.

[146] Amighini, Alessia. China in the International Fragmentation of Production: Evidence from the ICT Industry. The European Journal of Comparative Economics, 2005.

[147] Andress Stephan, Zhentang Zhang. Cost Structure, Market Structure and Outsourcing Working Paper, 2004 http://ideas. repec. org/p/ecj/ac2004/11. html.

[148] Antras. Pol Firms, Contracts and Trade Structure. Quarterly Journal of Economics, 2003 (118): 1375 – 1418.

[149] Antras. P. (2005), "Incomplete Contracts and the Product Cycle," American Economic Review 95, 1054 – 1073.

[150] Ashok D. Bardhan, Cynthia Krolly. The New Wave of Outsourcing. University of California Berkeley, Fisher Center Research Reports, 2003.

[151] Antras, Pol and Elhanan Helpman. Global Sourcing. Journal of Political Economy, 2004, Vol. 122, No. 3: 552 – 580.

[152] Antras, Pol. Firms, Contracts, and Trade Structure. Quarterly Journal of Economics, 2003.

[153] Arndt, Sven W. Globalization and the Open Economy. North American Journal of Economics and Finance, 1997.

[154] Balassa, Bela. Trade Liberalization among Industrial Countries. New York: Mc Graw – Hill, 1967.

[155] Bonanno, Vickers. Vertical Separation, Journal of Industrial Economics. Vol. 36, Issue 3, 1988.

[156] Chen, Yongmin, Jota Ishikawa and Yu Zhihao. Trade Liberalization and Strategic Outsourcing. Journal of International Economics, 2004 (63).

[157] Cheng, Leonard and Henryk Kierzkowski. Ed. Globalization of Trade and Production in South – East Asia. New York: Kluwer Aca-

demic Press, 2001.

[158] Chen Hogan, Matthew Kondratowicz, Yi Kei – Mu, Vertical Specialization and Three Facts about U. S. International Trade. North American Journal of Economics and Finance, Vol. 16, 2005.

[159] Datler, Jay Jr. Licensing of Intellectual Property Law Journal Seminars – Press, a Division of the new York Law Publishing Company, 1998.

[160] Dixit, A. K., Stiglitz, J. E. Monopplistic Competition and Optimum Product Diversity, Amerian Economic Review, Vol. 67, 11977, pp. 295 – 309; P. R. Krugman, Scale Economies, Product differentiation and the pattern of trade, American Economic Review, Vol. 70, 1980.

[161] Dixit, Avinash K. and Gene M. Grossman. Trade and Protection with Multistage Production. Review of Economic Studies, 1982, 49 (4).

[162] Elberfeld, Walter. Market Size and Vertical Integration: Stigler's Hypothesis Reconsidered. Journal of Industrial Economics, Vol. 50, Issue 1, 2002.

[163] Feenstra., Integration of Trade and Disintegration of Production in the Global Economy. Journal of Economic Perspectives, Vol. 12, Issue 4, 1998.

[164] Feenstra, Robert C. and Barbara J. Spencer. Contractual versus Generic Outsourcing: The Role of Proximity. Mimeo, University of British Columbia, 2005.

[165] Feenstra, Robert C. and Gordon H. Hanson. Globalization, Outsourcing, and Wage Inequality. American Economic Review 86, 1996: 240 – 245.

[166] Feenstra, Robert C. and Gordon H. Hanson. Ownership and Control in Outsourcing to China. NBER Working paper No., 10198,

2003.

[167] Feenstra, Robert C. and Gordon H. Hanson, Productivity Measurement and the Impact of Trade and Technology on Wages: Estimates for the U. S. , 1972 – 1990. NBER Working Paper No. 6052. 1997.

[168] Findlay, Ronald. An Austrian Model of International Trade and Interest Rate Equalization. Journal of Political Economy (86) 1978.

[169] Fontenay Catherine C. De and Gans Joshua S. Can Vertical Integration by 119 gorg. html.

[170] Falvery, P. R. , Commercial Policy and Intra-Industry Trade, Journal of International Economics, Vol. 11, 1981.

[171] Favley. D. , Kierzkowski, H. , Product Quality, Intra-Industry Trade and (Im) perfect Competition, Protection and Competition in International Trade, Oxford Claendon: Basil Blacjmell, 1987.

[172] Feenstra, Robert C. and Barbara J. Spencer. Contractual versus Generic Outsourcing: The Role of Proximity. mimeo, University of British Columbia, 2005.

[173] Gal – Or, Esther. Vertical Integration or Separation of the Sales Function as Implied by Competitive Forces. International Journal of Industrial Organization, Vol. 17, Issue 5, 1999.

[174] Gal – Or, Esther, Duopolistic Vertical Restraints. European Economic Review, 35, 1991.

[175] Gene M. Grossman, Elhanan Helpman. Outsourcing in a Global Economy. NBER Research Paper No. 8278, 2002.

[176] Grossman, Gene M. and Elhanan Helpman. Managerial Incentives and International Organization of Production. Journal of International Economics 2004.

[177] Grossman, Gene M. , Helpman. Elhanan. Integration versus Outsourcing in Industry Equilibrium. Quarterly Journal of Economics,

2002.

[178] Gordon H. Hanson, Raymond J. Mataloni, Jr. Matthew J. Slaughter. Vertical Production Network in Multinational Firms. NBER Working Paper 9723, 2003.

[179] Gordon, R. J.. Does the "New Economy" Measure Up to the Great Invention of the Past. NBER Working Paper, 2000.

[180] Gordon, R. J.. Technology and Economic Performance in the American Economy. NBER Working Paper, 2000.

[181] Glass, Amy J. and Kamal Saggi. Innovation and Wage Effects on International Outsourcing. European Economic Review 2001, (45).

[182] Grossman, S. J., Hart, O. D. The Cost and Benefits of Ownership: A Theory of Vertical and Lateral Integration. Journal of Political Economy, 1986.

[183] Grossman, Helpman. Outsourcing in a Global Economy. Review of Economic Studies, Vol. 72, Issue 1, 2005.

[184] Grossman, Helpman. Integration vs. Outsourcing in Industry Equilibrium. Quarterly Journal of Economics, Vol. 117, Issue 1, 2002. 118.

[185] Grossman Gene, Integration versus Outsourcing in Industry Equilibrium. Quarterly Journal of Economics, 2002.

[186] Grossman S. J., The Cost and Benefits of Ownership: a Theory of Vertical and Lateral Integration. Journal of Political Economy, 1986.

[187] Grossman, Gene M. and Elhanan Helpman. Managerial Incentives and International Organization of Production. Journal of International Economics 2004, (63).

[188] Grossman, Gene M. and Helpman, Elhanan, Outsourcing Versus FDI in Industry Equilibrium, NBER Working paper No., 9300,

2002.

[189] Harrigan, James. International Trade and American Wages in General Equilibrium, 1967 – 1995. University of Chicago Press, 2000.

[190] Haskel, Jonathan E. and Matthew J. Slaughter. Trade Technology and U. K. Wage Inequality. Economic Journal, 2001, (110).

[191] Head, Keith and John Ries. Offshore Production and Skill Upgrading by Japanese Manufacturing Firms. Mimeo. University of British Columbia, 2000.

[192] Helpman, Antras. "Contractual Frictions and Global Sourcing", NBER Working Papers, No 12747, 2006.

[193] Henrik Brandes. Strategic Changes in Purchasing. European Journal of Purchasing and Supply Management, 1994 (2): 79.

[194] Holmes, Thomas J. Localization of Industry and Vertical Disintegration. The Review of Economics and Statisitics, Vol. 81, Issue 2, 1999.

[195] Hummels David Yi Kei – Mu Yi Kei – Mu, The Nature and Growth of Vertical Specialization in World Trade. Journal of International Economics, 2001.

[196] Hummels, D., Rapport, D. and Yi, K. Vertical specialization an the Changing Nature of World Trade. Federal Reserve Bank of New York Economic Policy Review, 1998 (4) 79 – 99.

[197] Hummels, David, Dana Rapoport and Kei – Mu Yi. Vertical Specialization and the Changing nature of World Trade. Federal Reserve Bank of New York Economic Policy Review, 1998, 4 (2).

[198] Ishii, Jun, and Kei – Mu Yi. The Growth of World Trade. Federal Reserve Bank of New York Research Paper, No. 9718, 1997.

[199] Jansen, Jos. Coexistence of Strategic Vertical Separation and Integration. International Journal of Industrial Organization, Vol. 21, Issue 5, 2003.

[200] Joao Mota, Luis M. De Castro. A Capabilities Perspective on the Evolution of Firm Boundaries: A Comparative Case Example from the Portuguese Moulds Industry. In Journal of Management Studies, 2004 (41).

[201] Jones, Ronald W. and Henryk Kierzkowski. Horizontal Aspects of Vertical Fragmentation, in Leonard, MA: Kluwer Academic Publishers, 2001.

[202] Jones, Ronald W. and Henryk Kierzkowski. Globalization and the Consequences of International Fragmentation. Manuscript, University of Rochester and Graduate Institute of International Studies, Geneva, 1997.

[203] Joseph S. Nye. Understanding International Conflicts: An Introduction to Theory and History. Beijing. Perking University Press. 2005.

[204] Kaplinsky R. Export Processing Zones in the Dominican Republic: Transforming into Commodities. World Development, 1993 (22): 3.

[205] Kasuga, Hidefumi, International Business Alliances: A Incomplet Contract Approach, Japan and the World Economy, 1999: (11) 497 –515.

[206] K.. Lancaster, Intra-industry Trade Under Perfect Monopolistic Cometition, Joural of International Economics, Vol. 10, 1980, pp. 150 – 177.

[207] Kohler, Wilhelm. Aspects of International Fragmentation. Economics Working Papers 2002 ~ 2008, Department of Economics, Johannes Kepler University Linz, Austria, 2002.

[208] Krugman, P. R., Anthony, V. J. Globalization and the Inequality of Nations. Quarterly Journal of Economics, Vol. 110, Issue 4, 1995.

[209] Krugman, Paul R., Growing World Trade: Causes and

Consequences. Brookings Papers on Economic Activity 1, 1995: 327 - 377.

[210] Levchenko, Andrei. Institutional Quality and International Trade. IMF Working Paper, WP/04/231, 2004.

[211] Lin, Y. Joseph, Oligopoly and Vertical Integration: Note. American Economic Review, 78 (1988).

[212] Lyons, Bruce R. and Sekkat, Khalid. Strategic Bargaining and Vertical Separation. Journal of Industrial Economics, Vol. 39, Issue 5, 1991.

[213] Marin, Dalia and Thierry Verdier. Globalization and the Empowerment of Talent. Centre for Economic Policy Research Discussion Paper, No. 4129, 2003.

[214] McLaren, John. Globalization and Vertical Structure. American Economic Review, 2000, 90.

[215] Me Laren, J. Globalization and Vertical Structure. American Economic Review, 2000, (90): 1239 - 1254.

[216] Melitz, M., J. (2003), "The Impact of Trade on Intra-Industry Reallocations and Aggregate Industry Productivity," Econometrica 71, 1695 - 1725.

[217] Mollgaard, Peter, H. Exclusive Safeguards and Technology Transfer: Subcontracting Agreements in Eastern Europe's Car Component Industry, Working Paper, 2002: 18.

[218] Ordover, Saloner, Salop. Equilibrium Vertical Foreclosure. American Economic Review, Vol. 80, Issue 1, 1990.

[219] Philippe Cyrenne, Vertical integration versus vertical separation: An equilibrium model. Review of Industrial Organization, 1994.

[220] Productivity Measurement and the Impact of Trade and Technology on Wages: Estimates for the U. S., 1972 - 1990. Quarterly Journal of Economics, 1999, 114 (3).

[221] Riordan, Michael H. Anticompetitive Vertical Integration by a Dominant Firm. American Economic Review, Vol. 88, Issue 5.

[222] Sanyal, Kalyan K. and Ronald W. Jones. The Theory of Trade in Middle Products. 122 American Economic Review, 1982, 72 (1).

[223] Spencer, Barbara J. and Larry Qiu. Keiretsu and Relationship Specific Investments: A Barrier to Trade? International Economic Review, 2001, 42 (4): 871 -901.

[224] Spencer, Barbara J. International Outsourcing and Incomplete Contracts. NBER Working Paper, No. 11418, 2005.

[225] Sven W., Henryk Kierzkowski, ed., Fragmentation: New Production Patterns in the World Economy. Oxford: Oxford University Press, 2001.

[226] The Distributional Effects of International Fragmentation. Germen Economic Review, 2003, 4 (1).

[227] Vernon, R. (1966), "International Investment and International Trade in the Product Cycle," Quarterly Journal of Economics 80, 190 -207.

[228] Volker Mahnke, The Process of Vertical Dis - Integration: An Evolutionary Perspective on Outsourcing. Journal of Management and Governance, 2001.

[229] Yi Kei - Mu, Can Vertical Specialization Explain the Growth of World Trade? Journal of Political Economy, Vol. 111, No. 1, 2003.

[230] Zhang Yifan. Vertical Specialization of Firms: Evidence from China's Manufacturing Sector. Working Paper, 2004.